Intégration régionale, démocratie et panafricanisme

INTÉGRATION RÉGIONALE, DÉMOCRATIE ET PANAFRICANISME

PARADIGMES ANCIENS, NOUVEAUX DÉFIS

Sous la direction de
Alexis B. A. Adandé

CODESRIA

Conseil pour le développement de la recherche
en sciences sociales en Afrique

© Conseil pour le développement de la recherche en sciences sociales en Afrique, 2007
Avenue Cheikh Anta Diop Angle Canal IV, BP 3304, Dakar, 18524 Sénégal.
Site web: www.codesria.org

ISBN: 2-86978-179-2

ISBN 13: 9782869781795

Mise en page : Daouda Thiam

Couverture : Ibrahima Fofana

Impression : Imprimerie Graphiplus, Dakar, Sénégal

Distribué en Afrique par le CODESRIA

Le Conseil pour le développement de la recherche en sciences sociales en Afrique (CODESRIA) est une organisation indépendante dont le principal objectif est de faciliter la recherche, de promouvoir une forme de publication basée sur la recherche, et de créer des forums permettant aux chercheurs africains d'échanger des opinions et des informations. Le Conseil cherche à lutter contre la fragmentation de la recherche à travers la mise en place de réseaux de recherche thématiques qui transcendent les barrières linguistiques et régionales.

Le CODESRIA publie une revue trimestrielle, intitulée *Afrique et Développement*, qui est la plus ancienne revue de sciences sociales basée sur l'Afrique. Le Conseil publie également *Afrika Zamani,* qui est une revue d'histoire, de même que la *Revue Africaine de Sociologie*, la *Revue Africaine des Relations Internationales (AJIA)*, et la *Revue de l'Enseignement Supérieur en Afrique*. Le CODESRIA co-publie également la revue *Identité, Culture et Politique : un Dialogue Afro-Asiatique,* ainsi que la *Revue Africaine des Médias*. Les résultats de recherche, ainsi que les autres activités de l'institution sont diffusés par l'intermédiaire des «Documents de travail», la «Série de Monographies», la «Série de Livres du CODESRIA», et le *Bulletin du CODESRIA*.

Le CODESRIA exprime sa gratitude à l'Agence suédoise de coopération pour le développement International (SIDA/SAREC), au Centre de recherche pour le développement international (CRDI), à la Fondation Ford, à la fondation MacArthur, Carnegie Corporation, au NORAD, à l'Agence danoise pour le développement international (DANIDA), au ministère français de la Coopération, au Programme des Nations Unies pour le développement (PNUD), au ministère des Affaires étrangères des Pays-bas, à la Fondation Rockefeller, FINIDA, CIDA, IIEP/ADEA, OCDE, OXFAM America, UNICEF, et le gouvernement du Sénégal pour leur soutien généreux à ses programmes de recherche, de formation et de publication.

Table des matières

Troisième partie
Regards critiques sur les contraintes endogènes, défis à la construction de l'Afrique du XXIᵉ siècle

Contributeurs

Alexis B.A. Adandé enseigne l'archéologie à l'Université d'Abomey-Calavi, au Bénin. Il a été Directeur Exécutif du WAMP (West African Museums Programme) (1995-2001) et Président de l'Association Ouest Africaine d'Archéologie (1992-1994). Il a codirigé, avec Emmanuel Arinze, *Museums & Urban Culture in West Africa* (James Currey, 2002).

Bernard Founou Tchuigoua est docteur d'Etat es sciences économiques de Paris VIII. Il est actuellement directeur de recherche du Forum du Tiers Monde. Il a été professeur à l'Institut Africain de Développement et de la planification Economique (IDEP) après avoir enseigné à la faculté des sciences économiques de l'Université d'Alger. Il a dirigé quelques publications, inclus *Pensée sociale critique pour le XXIème siècle* (En l'honneur de Samir Amin), L'Harmattan Paris 2004 et *L'Afrique face aux ravages du néolibéralisme*.

Kangbai Konaté possède un doctorat en sociologie de l'Ecole des Hautes Etudes en Sciences Sociales et est affiliée à l'université du Mali en tant que chercheuse. Elle est également consultante internationale et travaille avec de nombreuses organisations de développement. Ses domaines d'expertise portent sur les questions d'éducation et de développement et sur les problèmes spécifiques aux femmes dans les pays pauvres.

Etanislas Ngodi est chercheur de l'IGRAC – Interdisciplinaire groupe de recherche sur l'Afrique contemporaine. Il prépare actuellement sa thèse de Doctorat en Histoire à l'Université Marien Ngouabi. Il est auteurs de plusieurs articles scientifiques dans le domaine des sciences sociales. Il est membre de plusieurs institutions de recherche dont l'AIDELF, l'IUSSP et le CODESRIA.

Jean-Pierre Olivier de Sardan, directeur d'études à l'EHESS, directeur de recherche au CNRS mis à disposition de l'IRD et membre du SHADYC (EHESS-CNRS, Marseille), est actuellement en poste à Niamey, dans un laboratoire nigérien de sciences sociales, le LASDEL, dont il est un des fondateurs. Il a publié, entre autres ouvrages, *Anthropologie et développement* (Karthala), et a co-dirigé, avec T. Bierschenk et J.-P. Chauveau, *Courtiers en développement. Les villages africains en quête de projets* (Karthala).

Kalilou Sylla a obtenu son doctorat en économie en 1997 à l'Université d'Abidjan-Cocody. Il a été expert du PNUD au cabinet du ministre en charge du plan, chercheur à la Cellule d'Analyse des politiques économiques et directeur adjoint du CIRES en charge de l'administration. Il est actuellement enseignant à l'Unité de formation et de recherche en sciences économiques et de gestion (UFRSEG) et chercheur au Centre ivoirien de recherches économiques et sociales (CIRES).

Fouad Soufi est chercheur au Centre national de recherche en anthropologie sociale et culturelle CRASC, a Oran en Algérie.

Zahra Tamouh, enseigne histoire à la Faculté des Lettres, Université Mohammed V-Agdal, Rabat, Maroc.

Introduction

À l'occasion du 30e anniversaire du CODESRIA, une importante moisson de contributions a été faite autour du thème central de la grande conférence commémorative, tenue à Dakar du 10 au 12 décembre 2003, à savoir : « Intellectuels, nationalisme et idéal panafricain ». Nous avons ici réuni, huit des nombreuses communications de la rencontre de Dakar. Chacun des auteurs a exploré, sous un angle particulier, des questions relatives à l'intégration régionale, à la démocratie ou au panafricanisme. Autant de paradigmes qui ont été forgés ou qui ont été examinés dans leur application au continent africain au cours du siècle passé, particulièrement durant la lutte pour l'émancipation et au lendemain des indépendances. En fait, ces paradigmes qui gardent apparemment toute leur actualité sont à nouveau examinés à la lumière des réalités contemporaines.

Pour la commodité de la lecture du présent volume, les contributions sont regroupées en trois parties. La première regroupe des textes qui auscultent les bases potentielles de la solidarité et de l'intégration africaines sans qu'il ne soit fait l'impasse sur les contradictions existantes dans les relations entre Africains ou avec les descendants des diasporas.

Fouad Soufi nous offre, à partir du récit critique des débats parlementaires en 1947 sur le statut de l'Algérie (départementalisation, territoire d'outre-mer ou associé dans l'Union française), un voyage dans l'histoire de la décolonisation tumultueuse de l'Algérie. Il remonte à la période antérieure au déclenchement de la lutte armée pour examiner les attitudes et les prises de position des députés africains à l'Assemblée française au lendemain de la Deuxième Guerre mondiale sur la question algérienne. Il identifie, dès cette période, des actes de solidarité, au-delà des contradictions ou des manœuvres de division entre colonisés ou même au sein du peuple algérien (la question berbère). C'est là une invite à un approfondissement des recherches sur les solidarités africaines en appliquant en toute rigueur les techniques de la science historique. C'est également à l'histoire qu'a recours Zahra Tamouh pour situer le triple héritage du Maroc contemporain qui appartient à la fois à la civilisation islamo-orientale, à l'Europe méditerranéenne à travers la civilisation islamique de Grenade (Al Andalous) et à l'Afrique subsaharienne par le canal des relations du sud Maroc avec le Soudan occidental. Au royaume chérifien se développe au niveau académique un intérêt pour les études africaines qui ont donné naissance à une nouvelle école d'investigation qui se consacre à approfondir les connaissances sur les rapports entre le Maghreb et les régions au sud du Sahara, sous tous les aspects. Elle n'hésite pas à identifier les points d'achoppement dans ces relations séculaires, particulièrement la question de l'occupation du Ghana par les Almoravides, l'invasion du Songhaï par les troupes d'Al Mansour et les actes des Armas (ces descendants des conquérants marocains dans l'actuel Mali) et l'esclavage et la présence de Noirs subsahariens au Maroc. Toutefois, elle conclut que les points de convergences (commerce de l'or qui a assuré une certaine prospérité du Maroc, partage de valeurs de civilisation arabo-musulmanes, etc.) sont plus profonds que ceux qui divisent. Il est heureux qu'au Maroc se développent des recherches sur les échanges et les influences réciproques entre les entités politiques et les peuples des deux rives du Sahara. La démarche que propose l'historienne dans sa contribution, pourrait se révéler féconde pour renforcer la portée de travaux quelque peu marginalisés dans les institutions académiques du Maghreb. Son insistance pour une large diffusion des résultats est pertinente et on ne peut que recommander une plus grande collaboration entre centres de recherche et universités de part et d'autre du grand désert. Il ne saurait y avoir une véritable intégration sans une connaissance mutuelle. C'est une question complexe d'identité et de méconnaissance mutuelle que nous présente Konaté Kangbai qui examine, à la base, le vécu des relations de diasporas de souches africaines aux États-Unis d'Amérique. Il s'agit des Africains-Américains et des immigrés africains et antillais (première et deuxième générations). La finesse de cette analyse force à la nuance dans l'appréhension des ressorts d'un éventuel mouvement de solidarité entre les diasporas africaines ancienne et récente qui se construirait par la base. Cette contribution met en lumière le hiatus de méconnaissance mutuelle qui sépare la majorité des Africains-Américains (natifs) des Africains immigrés (résidant aux États-Unis). Il en découle des préjugés tenaces et des stéréotypes réciproques des uns sur les autres.

La deuxième partie réunit trois textes qui d'une façon ou d'une autre, examinent le panafricanisme à l'épreuve de la démocratisation et de la mondialisation. Dans son texte, Ngodi Etanislas fait une rétrospective du panafricanisme depuis sa naissance en Amérique du Nord jusqu'à son implantation sur le continent africain, comme un mouvement ou un courant d'idées mobilisateur qui a connu des moments forts en Europe avec les grandes conférences fondatrices du passage du relais panafricain aux intellectuels d'Afrique. Il distingue dans le panafricanisme le courant des révolutionnaires de celui des minimalistes. Le triomphe des thèses de ces derniers serait à la base des échecs de l'Organisation de l'unité africaine (OUA) dans la voie d'une réelle intégration continentale. Les manipulations néocoloniales et les dérives autoritaires des régimes postcoloniaux ont eu pour corollaires les déboires du multipartisme et le recul de la démocratie, sur fond de crises économiques et sociales. Avec la fin de la guerre froide dans les années 90, l'Afrique a connu une série de conférences nationales en même temps qu'émergeait la nouvelle Afrique du Sud. Cette phase de l'histoire immédiate du continent est marquée par l'échec de l'instauration de véritables multipartismes et d'une démocratie institutionnelle. L'auteur en appelle aux intellectuels pour relever le défi de l'instauration d'une culture démocratique et pour la promotion d'un panafricanisme volontariste.

Kalilou Sylla part de constats sur l'état du « marché politique » en Afrique et de la faible productivité d'idées dans un contexte de monopole partisan (parti dominant ou unique) pour expliquer les permanences de l'économie de rente et ses conséquences. Il montre comment le marketing politique a pu donner, un moment, une vision déformée du leader africain hors des frontières nationales et faire paraître des « gouvernants patriotes ». Sous la pression des conditionnalités, dont la démocratisation est une composante, les marchés africains sont condamnés, à brève échéance, à l'ouverture. De nouvelles forces d'intégration régionale vont jouer (le NEPAD par exemple) et il importe que les dirigeants du continent prennent en compte le secteur informel à « fort capital social » transfrontalier dans une stratégie d'intégration à la base.

Enfin la contribution de Bernard Founou Tchuigoua replace le panafricanisme dans le contexte des rapports de force financière et économique à l'échelle mondiale. Il démontre le rôle de l'intégration dans de grands ensembles dans les luttes implacables qui ont cours sur les marchés internationaux. Il met en garde contre le phénomène des regroupements en trompe l'œil et qui multiplient les regroupements économiques sur le continent africain. Il affirme : « la substitution de la problématique de l'intégration économique à celle du panafricanisme renvoie à une conception doublement erronée », et il avance des propositions précises à court, moyen et long termes pour une reprise du mouvement panafricaniste militant et opérationnel.

La troisième et dernière partie présente deux textes qui veulent proposer un regard critique, l'un, celui de J.P. Olivier de Sardan, sur la nature de l'État telle que subie par la grande masse des peuples africains. Des exemples sont puisés dans le vécu quotidien de pays francophones. Le chercheur sur la base d'enquêtes et d'analyses démonte les mécanismes qui à travers des pratiques et des habitudes produisent « l'État africain » contre-performant avec ses dysfonctionnements et la mal gouvernance pour résultat. L'autre texte, celui de Alexis Adandé s'est appesanti sur le rôle souvent ambigu de l'intelligentsia africaine qui a pourtant un devoir historique majeur pour la transformation qualitative de la situation présente du continent. Sa mission de pourvoyeuse d'idées qu'elle remplit parfois avec brio est souvent annihilée par des pratiques sociales en contradiction avec les orientations ou les mesures préconisées dans le sens du progrès des peuples africains. L'espoir reste permis à condition que les forces de changement puissent surpasser un jour prochain celles d'inertie qui paralysent l'Afrique.

I

Solidarité africaine, intégration régionale
et diversité des aspirations à la base

1

1947 : solidarités africaines et avenir de l'Algérie

Fouad Soufi

L'année 1947 fut-elle décisive pour l'Algérie ? Le dépôt par le gouvernement français d'un projet de loi portant Statut organique de l'Algérie avait donné lieu à des discussions longues et passionnées auxquelles les députés africains les plus en vue avaient participé. Aussi, si l'on a souvent évoqué la solidarité africaine à l'endroit de l'Algérie durant la Guerre de libération nationale (1954-1962), on a certainement moins vu comment les élites politiques africaines mobilisées dans la lutte anti-coloniale avaient apporté leur soutien aux revendications nationales algériennes.

C'était là, déjà, une bien vieille tradition. Député du Sénégal, Blaise Diagne, au cours d'un débat à l'Assemblée nationale française, en 1927, avait revendiqué pour les musulmans algériens une représentation au Parlement. Vingt années plus tard, devant l'Assemblée consultative, Gabriel d'Arboussier posait la question du rapport colonial qui lie la France et l'Algérie à partir d'une simple proposition d'organisation des commissions de l'Assemblée. L'Algérie devait-elle faire partie de la Commission chargée des départements et territoires d'outre-mer ou continuer à relever de celle de l'Intérieur ? Paul-Émile Viard[1], représentant la Résistance à Alger, ayant compris la manœuvre et avec la complicité du Dr Benjelloul[2], soutient que l'Algérie se compose de trois départements français qui relèvent administrativement du ministère de l'Intérieur et non de celui de la France d'outre-mer et qu'en conséquence envisager de l'inscrire dans un autre cadre remettrait en cause le principe constitutionnel de la République une et indivisible.

Mille neuf cent quarante-sept (1947), « l'année où le monde a tremblé » avait écrit en son temps Dominique Desanti[3]. Le monde colonial français a aussi tremblé : l'Indochine depuis deux années déjà, Madagascar (depuis le 29 mars) et

Casablanca (le 7 avril), ont servi de toile fond au débat sur le Statut de l'Algérie, événements auxquels il faut ajouter le souvenir encore vivace des Massacres de Sétif-Guelma de mai 1945. En Asie, les empires coloniaux britanniques et hollandais disparaissent de façon violente.

L'Empire colonial français, désormais et de par la Constitution de 1946, l'Union française, s'est retrouvé inscrit à l'ordre du jour de trois débats4. Le premier grand débat concerne les événements de Madagascar (6, 8 et 9 mai) qui s'est poursuivi avec celui de la levée de l'immunité parlementaire des trois députés malgaches, Raseta (le 6 juin), Ravoahangy et Rabemananjara (le 1er août). Au cours de ce débat, s'affrontent déjà les représentants africains toutes tendances politiques confondues et les tenants de l'ordre colonial. Le débat sur les Grands conseils de l'AOF et de l'AEF (4 août 1947) fut plus rapide, et enfin celui sur le Statut de l'Algérie (10-29 août 1947) fut le plus houleux. Léopold Sédar Senghor, député socialiste du Sénégal, l'avait vite compris : « ce problème est plus grave que celui de Madagascar, plus grave même que celui de l'Indochine » [19 août 1947, 2e séance]. Félix Houphouët-Boigny, député de la Côte d'Ivoire, apparenté communiste, avait renchéri le lendemain. Pour lui, il ne fait aucun doute que :

> Les peuples d'outre-mer considèrent ce débat [sur l'Algérie] comme la première épreuve, l'épreuve décisive pour une union française réalisée non pas dans la méfiance, la haine et le sang—comme hélas ! c'est bien souvent le cas—mais dans la concorde et dans la paix. …Plus de tergiversations, plus de demi-mesures, plus d'équivoques, mais un acte que tout le monde attend de la France : le statut démocratique de l'Algérie [20 août 1947, 3e séance].

Ces trois débats ont démontré que le problème colonial français était considéré comme un tout. Maurice Viollette, critiquant la droite coloniale qui, par son attitude, poussait les Algériens à se détacher de la France, déclare : « Si vous laissez échapper l'Algérie, comment tiendrez-vous l'Afrique ? » [26 août 1947, 3e séance]. Les représentants des peuples colonisés l'avaient bien compris, les représentants des colons également. Il est intéressant de noter que dans leurs interventions, les députés de la droite coloniale puisent dans l'histoire leurs arguments politiques. Mais une histoire construite pour les besoins de leur cause, qui nie toute réalité historique à l'Afrique précoloniale. Par contre les députés africains—mais pas tous—préfèrent insister sur la situation présente faite aux populations qu'ils représentent, en instruisant le procès du colonialisme tout en faisant quelques concessions à la colonisation.

C'est très certainement sur cette base que se fonde la solidarité africaine. Mais comment allait-elle fonctionner d'autant qu'en face les députés de la droite coloniale avec le soutien de certains députés réputés de gauche faisaient bloc ?

On sait que c'est à la faveur des retombées politiques de la Seconde Guerre mondiale (Discours de Brazzaville, ordonnance de 1944, etc.) que les peuples colonisés ont pu être représentés d'abord aux deux assemblées constituantes, puis surtout à la première assemblée législative de la IVe République. Les députés africains ont rejoint à peu près tous les partis politiques avec une tendance nette en faveur des partis de gauche. Trois grands groupes s'étaient formés : celui de l'Union républicaine et résistante (apparenté au PCF) qui rassemble huit députés du RDA[5] ou proches de ce parti auquel faisait partie Houphouët- Boigny ; le groupe socialiste, huit élus autour de Lamine Guèye et Léopold Senghor[6] et le groupe des huit élus dits musulmans indépendants d'Algérie. (Le 3e grand groupe n'est pas cité) Le MRP est le seul parti de droite à avoir trois élus africains : l'Abbé Barthélémy Boganda (Oubangui-Chari), Alexandre Douala Manga Bell (Cameroun) et Mohamed Bentaïeb (Algérie). Chez ces trois élus, et notamment Douala, l'esprit partisan va souvent l'emporter sur la solidarité africaine. Le parti communiste algérien avait quatre députés.[7] La représentation coloniale africaine avait été majoritairement, et par tradition, investie par la droite et le centre.[8]

Une répétition générale ? Madagascar, Casablanca, AOF, AEF

Les événements de Madagascar,[9] l'organisation des Grands conseils de l'AOF et l'AEF, et par effraction, les incidents de Casablanca ont donné lieu à des débats qui pourraient être considérés comme une sorte de répétition générale au débat sur l'Algérie.

D'une manière générale, la droite coloniale, conduite par Jules Castellani, René Malbrant, et René Mayer fait bloc contre les tentatives de la majorité des représentants africains–radicaux comme Houphouët-Boigny et Ouezzin Coulibaly ou modérés comme Lamine Guèye et Senghor–de renégociation du statut colonial. La méthode et les arguments des défenseurs du *statu quo* colonial sont identiques : tentative de blocage du débat puis arguties juridiques article par article, le vote étant exprimé en fonction de l'attitude du groupe parlementaire.[10]

Les événements de Madagascar avaient commencé par le déclenchement, le 29 mars, d'un mouvement insurrectionnel imputé–malgré leurs dénégations–aux députés du MDRM. La répression est à la mesure de la peur des tenants de l'Empire colonial. Quelques jours plus tard, le 7 avril, à Casablanca, une querelle entre des soldats du Régiment de Tirailleurs Sénégalais et de jeunes Marocains dégénère en une bataille sanglante qui fait 61 tués et 119 blessés.[11] Aussi les prises de parole, lors du débat parlementaire à l'Assemblée nationale française, furent plutôt agressives.[12]

Le débat à propos de Madagascar débute le 6 mai par les violents réquisitoires de Jules Castellani et de Pierre July (PRL). Il se poursuit le 8 mai avec les exposés de René Malbrant et d'Henri Caillavet (Rad. Soc.). Tout y est. Le mépris et le complot. « Madagascar n'est pas une nation mais un ensemble de tribus de races distinctes.[13] » (P. July), « la démocratie pour des millions d'hommes attardés dans leurs traditions primitives » (R. Malbrant), « un long apprentissage de la civilisation est nécessaire » (H. Caillavet). « Il y a la guerre en Indochine, la révolte à Madagascar et les incidents de désordres se multiplient en Afrique du nord et en Afrique noire. Un plan concerté aurait été établi pour disloquer l'Union française ». Le procès du Gouverneur de Coppet[14] accusé de sympathie active envers le MDRM est également aussitôt instruit. À Raseta qui tente en vain de s'expliquer et de donner sa version des événements, Pierre Montel (PRL) répond : « c'est la première fois que dans une assemblée française un assassin peut parler ». La sentence est entendue, pour les députés de droite, du centre et pour certains députés de gauche, Raseta *ira rejoindre en prison les autres* (Pierre July). Ahmed Mezerna essaie d'intervenir mais sans succès.

À la reprise, un député radical-socialiste, Paul Devinat, prenant à partie le représentant du gouvernement dénonce les faiblesses et les imprévoyances de ce dernier :

> Il faut arrêter l'incendie avant qu'il ne gagne l'Afrique noire et l'Afrique du Nord … On dira que ce complot n'est pas le fait d'une seule agitation locale… On dira que tout se tient : le Viet-Minh, le MDRM, le RDA, le nationalisme marocain ou tunisien, le PPA. [9 mai 1947, 1ère séance].

L'intervention d'Ahmed Mezerna au nom du groupe Triomphe des libertés démocratiques en Algérie est ressentie comme une provocation. Mezerna prend la parole pour dénoncer à la fois « la barbarie de la répression » à Madagascar et le fait que ces « événements tragiques offrent le prétexte d'une double atteinte contre la liberté individuelle des représentants légitimes de ces peuples et contre la Constitution de ce pays… Les événements en cours … ne font que nous affirmer … dans notre juste position en faveur de l'indépendance de tous les peuples colonisés… ». Les réactions sont immédiates. Castelleni : « Vous insultez les Français de Madagascar… Au nom des morts, je proteste énergiquement… » Marcel Poimbœuf (MRP) : « Sans la France vous ne seriez pas là. » Le Chanoine Kir (Républicain Indépendant) : « la France vous a sorti de la misère et vous l'insultez ! ».

Mostéfa Lacheraf, dans ses Mémoires,[15] nous rapporte que Mezerna s'était écarté du texte qu'il lui avait préparé en tant que secrétaire parlementaire. Abordant les événements de Casablanca, Mezerna avait accablé

> surtout (et en toutes lettres) les Sénégalais en les traitant de tous les noms… Le Sénégal avait un député… c'était Lamine Guèye, homme de grande culture et qui jouissait auprès de tous ses collègues de beaucoup d'estime et de respect. Les propos d'Ahmed Mezerna l'indignèrent au plus haut point et il demanda aussitôt la parole pour lui répondre.[16]

La mémoire de M Lacheraf ne pourra pas faire l'histoire. En fait, Lamine Guèye ne fit son discours que le lendemain en rappelant Mezerna à une plus juste appréciation de la solidarité entre colonisés : « Nos collègues de l'Afrique du nord semblaient dire qu'à Madagascar, c'est nous qui avions été les massacreurs. C'est ainsi qu'on crée entre des peuples de l'Union française, des peuples français, des antagonismes dont nous n'avons pas besoin… ». Mezerna présente ses excuses : « J'ai parlé hier des Sénégalais qui ont massacré une population paisible à Casablanca. Je tiens aujourd'hui à dégager la responsabilité morale de ces soldats ». L'incident est clos. Il revient à Houphouët-Boigny de lancer la contre-offensive africaine, « M. le président Auriol a dit à Dakar qu'en aucun temps, en aucun pays, on n'a vu des parlementaires des territoires d'outre-mer s'associer à la vie de la métropole. Ce n'est que trop vrai… », mais il ajouta : « Vous voulez nous considérer comme des pions … et chaque fois que nous sommes venus signaler des abus,…, vous nous avez traités d'ingrats. » [9 mai 1947, 1ère séance]. Lamine Guèye, « sans doute nous voulons une politique du ventre plein, mais nous tenons davantage encore à la politique de la dignité ». Hachemi Benchennouf – député élu administratif – : « Je constate que les débats qui se sont déroulés sur Madagascar sont, permettez-moi de vous le dire, à peu près la répétition des débats concernant les événements du 8 mai en Algérie… Après les événements du 8 mai on accusa Ferhat Abbas et ses lieutenants comme on accuse à l'heure actuelle les députés malgaches d'être anti-français et de vouloir jeter les Français à la mer … ». Enfin le communiste Chérif Djemad reprend l'analyse des événements de Madagascar à partir des incidents de Casablanca : les mêmes causes produisant les mêmes effets, il n'y a qu'un seul coupable, le colonialisme[17]. À l'issue des débats, et pour éviter la levée de l'immunité parlementaire des députés malgaches, Jacques Duclos (PCF) demande l'institution d'une commission d'enquête. Au nom de leurs groupes respectifs, Benchennouf, Mezerna et Mamadou Konaté appuient cet ordre du jour. Pour July (PRL) : « l'adhésion de M. Raseta est une raison suffisante pour que nous l'écartions ». Les deux autres grands partis, la SFIO et le MRP rejettent la proposition qui n'est pas adoptée. L'analyse du scrutin montre que le vote de groupe l'emporte : les communistes et apparentés URR, les nationalistes et fédéralistes algériens votent l'ordre du jour déposé par J. Duclos. Les MRP Boganda, Bentaïeb et Douala, les socialistes votent contre. Ils s'en remettent au gouvernement à qui un ordre du jour déposé par la SFIO et le MRP confie le soin de rétablir la paix et identifier les responsables.

Le 6 juin, les députés sont appelés à discuter des conclusions du rapport d'une commission *chargée d'examiner une demande en autorisation de poursuites* contre Joseph Raseta. Le rapporteur, René Coty, ayant achevé son discours, les députés décident après deux scrutins d'inscrire la question de la levée de l'immunité parlementaire des trois députés malgaches. À l'exception des députés MRP Bentaïeb, Boganda et Douala, les Africains votent contre. Toutefois, les députés algériens – exceptés les communistes – ne prennent pas part au vote. De Chambrun (URR) dépose alors une motion préjudicielle qui est rejetée alors qu'est votée la levée de l'immunité parlementaire de J. Raseta. Les députés africains de toutes tendances et toutes origines même les socialistes algériens Borra et Rabier accordent leurs suffrages à la motion de Chambrun, à l'exception de Boganda qui continue à s'aligner sur les prises de position de son parti, de Douala, Mezerna et Khider qui ne participent pas au vote. Ce quasi-consensuss disparaît lors du scrutin sur la levée de l'immunité parlementaire de Raseta. Les socialistes africains et les MRP s'abstiennent, seul Douala vote pour.

Au soir du 6 juin, avec l'arrestation de Joseph Raseta, la solidarité africaine est quelque peu mise à mal par les prises de position partisanes. Il en est de même lors des scrutins concernant la levée de l'immunité de Joseph Ravoahangy et de Jacques Rabemananjara, le 1er août. Félix Houphouët-Boigny et ses collègues du RDA restent fidèles à leurs engagements. Parmi les socialistes seuls Yacine Diallo, Lamine Guèye et Senghor s'opposent. Les nationalistes algériens du MTLD semblent se désintéresser du sort des Malgaches. De la même manière, aucun d'entre eux n'intervient, ni ne prend part aux différents votes[18], le 4 août, lors du débat sur les Grands conseils de l'AOF et de l'AEF. Ce débat qui débute par une manœuvre que Félix Tchicaya dénonce : la motion préjudicielle de Malbrant, tendant à son ajournement. Il se poursuit par un affrontement verbal entre Castellani et Houphouët-Boigny. Répondant ainsi aux discours de Senghor qui avait affirmé : « À bout d'arguments, on nous lance à la tête les mots de barbares et de primitifs » ; de Boganda qui avait souhaité « une mort subite et foudroyante à ce vieux monsieur qu'est le colonialisme » Castellani déclare : « Il ne faudrait pas que certains de nos collègues en défendant des amendements se livrent à chaque fois à une attaque violente contre la colonisation et qu'on ne nous parle que de ses méfaits en se refusant à reconnaître les bienfaits que la France a répandus dans les territoires d'outre-mer ». Il revient à Houphouët-Boigny de lui répondre : « Nous ne sommes pas là pour chanter des louanges et rien que des louanges ».

L'argument des bienfaits de la mission civilisatrice de la France dans les pays « attardés » « primitifs » et celui de l'ingratitude de ceux qui en ont le plus profité—les députés, principalement – sont utilisés autant pour culpabiliser ceux qui en France soutiennent – ou viendraient à soutenir[19]– les revendications des peuples colonisés que pour maintenir, au-delà des clivages politiques, l'unité des représentants de la colonisation dans le continent. Le danger étant le même partout, dans toute l'Afrique, les élus de la droite coloniale doivent, et ont su, faire front.

C'est donc tout naturellement que le 10 août, dès l'ouverture du débat sur le statut de l'Algérie que le général Aumeran (PRL) tente la même manœuvre d'ajournement du débat qui est tout autant rejetée que le fut celle de Malbrant. Sa proposition avait été reprise, sans plus de succès par un député radical-socialiste Gabriel Cudenet.

Le Statut sera voté. Mais il n'y aura rien de changé sous le soleil d'Afrique (Houphouët-Boigny)

Le débat sur le statut de l'Algérie débute donc le 10 août mais pour être interrompu jusqu'au 19 août et s'achever le 27. Il se déroule dans des conditions tout aussi particulières que paradoxales. Il en va de la cohésion de la majorité–le tripartisme–et de l'existence du gouvernement Ramadier. L'on voit alors à la fois le gouvernement qui procède à un passage en force en imposant son projet, l'assemblée qui arrête ses travaux pour cause de Congrès socialiste à Lyon, la démission de Maurice Rabier (SFIO, Oran) rapporteur de la commission, le 21 août et la nomination d'un rapporteur MRP chargé pratiquement de défendre le projet du ministre socialiste de l'Intérieur, le rejet systématique de tous les amendements déposés par la représentation algérienne, fédéralistes (Benchennouf), communistes (Djemad), MRP (Bentaïeb), et même par les socialistes algériens (Rabier et Borra). Trente-deux scrutins ont été nécessaires pour faire aboutir le projet de loi, chaque scrutin ou presque donne lieu à des tractations politiciennes. Et le statut ainsi voté fait réunir pour la seule et unique fois la droite coloniale d'Algérie (exceptés les députés de Constantine : Jacques Augarde, MRP, et René Mayer, radical-socialiste) et les communistes algériens dans un vote négatif.[20] Les socialistes finissent par voter le texte, alors que les fédéralistes et les nationalistes signifient leur refus du Statut en ne prenant pas part au vote. L'Algérie se voit dotée d'un statut rejeté par l'écrasante majorité de ses députés toutes tendances politiques confondues.

Le débat fut long et des séances durèrent parfois plus de douze heures sans interruption. Lorsque Léopold Senghor prend la parole, le 19 août, il n'y a plus que quatre-vingt dix députés dans l'hémicycle. La lassitude gagne les députés métropolitains. On peut lire dans *L'Année politique* : « *La discussion générale se poursuit les 20 et 21 : on entend vingt fois formuler les mêmes avertissements, renouveler les mêmes accusations. L'auditoire se réduit, le nombre des députés présents tombe à 40 : l'intérêt n'y est pas* »,[21] de fait la lecture des comptes rendus des débats montre que l'on assiste à une véritable guerre de positions. Deux groupes se font face : les députés algériens de tous les partis soutenus parfois par les socialistes européens et les députés de la droite coloniale qui reçoivent l'appui de leurs collègues de parti. Tous les députés d'Algérie ont fini par prendre la parole à un moment ou à un autre en provoquant parfois des remarques acerbes et même des réactions de colère du président de l'Assemblée nationale Édouard Herriot. C'est dans cette atmosphère lourde que les députés africains présents interviennent et délèguent leurs votes. Ils seront six à intervenir : Senghor en premier le 19. Le 20, ce sont tour à tour Jean Silvandre qui fait une brève déclaration, Fily Dabo Sissoko qui demande à Paul Emile Viard de lui permettre de l'interrompre et surtout Houphouët-Boigny ;

le 26 c'est au tour de Lamine Guèye et enfin le 27 Ouezzin Coulibaly et de nouveau Houphouët- Boigny.

Chacun à sa manière pose le problème de fond que les autres orateurs éludent : la place de l'avenir de l'Algérie dans l'avenir de l'Union française qui se met en place. Tous partagent l'opinion de Senghor : « … Cette brousse sèche que constitue le problème du statut de l'Algérie…Ce problème est plus grave que celui de Madagascar, plus grave même que celui de l'Indochine… ». Ouezzin Coulibaly n'en dit pas plus : « cette question algérienne se présente comme le centre de gravité de la politique de la construction de l'Union française… ». Pour Houphouët-Boigny, il est nécessaire de faire entendre la voix des élus africains dans ce débat, « que les peuples d'outre-mer considèrent comme la première épreuve, l'épreuve décisive pour une Union française réalisée non dans la méfiance, la haine et le sang … mais dans la concorde et la paix ». Il met en doute la volonté de certains (la droite coloniale) à vouloir réaliser sincèrement l'Union française à propos du statut de l'Algérie.

C'est parce qu'il a senti cette absence de sincérité qui s'exprime par des manœuvres dilatoires de la part de la droite coloniale que Senghor fait appel autant à la raison des uns qu'au cœur des autres. Ainsi lorsqu'il prend la parole, au cours de la seconde séance du 19 août, il venait d'assister à de durs échanges entre un ancien préfet d'Algérie Temple et le général Aumeran (PRL, Alger) d'une part et Alice Sportisse (PCA, Oran), d'autre part. Il aura eu tout de même le privilège d'être le premier orateur à n'avoir pas été interrompu.

Dans son discours Senghor s'explique. La raison veut que même si l'audacieux projet des Amis du Manifeste respecte la Constitution, il préfère donner sa préférence « pour des raisons d'opportunité au projet gouvernemental… ce projet est une étape, une petite étape il est vrai dans la voie de la fédération ». La raison, en est, dit-il, ces propos que lui a tenu Lamine Guèye à Alger : « Je me souviens qu'en 1945, mon collègue Lamine Guèye et moi de passage à Alger, parlions naturellement de la Constitution future, de l'évolution des peuples d'outre-mer, des nouveaux droits que nous revendiquerions. Et M. Lamine Guèye me disait : « Eh bien je ne vois pas les Arabes libres ; trop de capitaux ont été investis chez eux ». Mais la raison ne s'adresse pas uniquement aux députés musulmans d'Algérie et aux Européens de gauche, elle concerne aussi les députés européens de droite, les tenants de la grosse colonisation, *les seigneurs de la Mitidja* :

> voyez-vous, que nous le voulions ou non, les Arabo-Berbères seront libres un jour. Il s'agit de savoir s'ils seront libres de la liberté illusoire que donne la sécession ou de cette liberté qui s'exerce au sein d'une communauté fraternelle de peuples. Il s'agit de savoir si les Arabo-Berbères seront libres par la France, c'est-à-dire avec la France ou s'ils seront libres sans la France c'est-à-dire contre la France. Il faudrait être dénué de tout sens historique. Il faudrait

avoir cette naïveté suprême que donne la puissance de l'argent pour nier cette
évidence qui s'impose brutalement à nous.

Le cœur. Senghor se tourne vers les élus du MRP, eux qui ont fait un effort en
direction « des assemblées locales d'Afrique noire ». Il les appelle à voter le projet
gouvernemental : « Nous qui constatons l'aliénation du travailleur, nous ne pouvons pas supporter que l'homme soit aliéné dans les neuf dixièmes de l'humanité
algérienne… Vous Chrétiens et moi, nous devons avoir honte de supporter
qu'aujourd'hui le Christ soit de nouveau crucifié dans les neuf dixièmes de l'humanité algérienne, que le Christ soit crucifié sous la figure du musulman ». L'appel a-t-il été entendu ? Le lendemain, Jean Silvandre interrompant l'exposé du
député algérien Amar Smail revient à la charge et s'adressant tant à l'orateur qu'aux
membres de l'Assemblée, il se refuse à désespérer « qu'à la lumière de tous ces
débats, l'Assemblée et tous nos collègues, répondant à l'émouvant appel adressé
hier à Senghor, ne fassent le geste qui s'impose et qui aura son retentissement
dans l'Union française, un geste de hardiesse, de confiance et de vraie fraternité. »

L'appel a-t-il été entendu ? Sûrement pas par Paul Viard, député MRP d'Alger,
à qui Fily Dabo Sissoko est obligé de répondre que les citoyens qui ont conservé
leur statut personnel « ne sont pas des super-citoyens ». Le dialogue de sourds qui
s'engage entre l'instituteur malien et le juriste algérois est arrêté par le président.
L'on débattait alors du texte article par article et les juristes – Viard et Capitant,
principalement – opposent la froideur de la loi aux sentiments des politiciens.

Tout ne commence certes pas avec l'article 6 du projet, qui détermine la qualité des citoyens de statut local pouvant être inscrits dans le premier collège,[22] mais
les conséquences de son application dans la vie quotidienne des éventuels bénéficiaires des territoires qui composent l'Union française est vite comprise. Lamine
Guèye intervient le premier lors de la troisième séance du 20 août. Il attire l'attention de ses collègues sur les conséquences qu'un rejet pourrait avoir sur les populations algériennes notamment, mais également les populations d'outre-mer : « Il
s'agit d'un article d'une portée immense, suivi avec une particulière attention non
seulement par l'ensemble des populations algériennes mais aussi par l'ensemble
des populations d'outre-mer, en raison des incidences de toutes sortes qui pourraient résulter de son approbation ou de sa non-approbation. » Les Algériens,
poursuit-il « ont fait preuve de beaucoup de sagesse et de patience en ne demandant pas que ces règles démocratiques jouent à plein …. Ils ont admis cette parité
et cette concession mérite d'être considérée mieux qu'elle paraît avoir été ». Mais
Lamine Guèye ne reçoit que l'appui de Maurice Viollette. René Capitant puis Paul
Viard, anciens collègues de la Faculté de droit d'Alger, déclarent se placer sur un
plan strictement juridique et ce « n'est pas en lançant « dans le débat des arguments d'ordre sentimental » que le problème sera résolu. « Si je m'adresse à vous »
dit R. Capitant à Lamine Guèye, « c'est que vous avez parlé de façon émouvante à
la tribune ». Lamine Guèye avait certes évoqué la tolérance et la compréhension,

mais il avait parlé politique aussi en défendant le collège unique : « Nous ne pou-vons interdire définitivement aux Algériens de s'assimiler à l'ensemble des Fran-çais et de figurer avec eux dans un même collège pour les mêmes hommes, pour les mêmes responsabilités ». Il appelle au vote du projet.

Le discours d'Houphouët-Boigny est plus radical. En accord avec Senghor, Guèye et Ouezzin Coulibaly, Houphouët-Boigny considère que ce débat : « comme la première épreuve, l'épreuve décisive pour une union française réalisée non pas dans la méfiance, la haine et le sang–comme hélas ! c'est bien souvent le cas–mais dans la concorde et dans la paix. ... ». Il s'en prend au rassemblement des Gau-ches qu'il accuse de chantage : « Il ne quittera pas le gouvernement, le Statut sera voté. Mais il n'y aura rien de changé sous le soleil d'Afrique. L'Algérie continuera à n'être ni un département, ni un territoire associé. Les musulmans, eux, la consi-dèrent toujours comme une colonie qui ne veut pas dire son nom ». Houphouët-Boigny est convaincu que les Algériens « ...Après avoir attendu longtemps et vainement dans l'antichambre, les Algériens ont quitté la maison aux chambres inaccessibles, ils sont en train de bâtir une maison à eux : la nation algérienne. Inutile d'opposer les Arabes aux Berbères définitivement rapprochés par la con-duite des colons... ». Les véritables responsables de la situation de blocage politi-que que vit l'Algérie sont les colons, les partisans du *statu quo*. Alors la responsabi-lité politique du parlement est de faire comprendre « aux Français installés en Algérie, au Maroc et en Tunisie que c'est en comprenant comme il se doit la volonté nationale de ceux avec lesquels ils sont appelés à vivre pour toujours qu'ils serviront le mieux l'intérêt permanent de la France ». Et que « La recon-naissance d'un État ou d'un territoire algérien associé à la France créera un climat de confiance dans toute l'Union française... ». Prenant les députés de la droite coloniale au mot, il les met devant une alternative simple : si l'Algérie forme trois départements français, il faut instituer sans tarder

> le collège unique, les conseils généraux, les communes de plein exercice, vous y décrétez l'enseignement obligatoire ; le gouvernement sera représenté non par un gouverneur général mais par des préfets... Ou alors il n'y a plus qu'une seule solution au problème algérien : c'est la reconnaissance pacifique de l'État ou du territoire associé à la France dans l'Union française... [3e séance du 20 août 1947].

La position d'Houphouët-Boigny est celle défendue par les députés du PCA (Djemad, Sportisse et Fayet) et par le PCF (Marty). Mais ne participe-t-elle pas aussi d'un exercice oratoire qui consiste à transférer sur le problème du moment la question politique qui ne peut être abordée, celle du statut politique du pays qu'il représente ?

Ouezzin Coulibaly ne va peut-être pas aussi loin, mais il se veut tout aussi mordant. L'importance du débat ne lui échappe pas plus qu'à ses autres collègues.

Lui aussi estime qu'avec la discussion sur l'Algérie et « après l'Indochine après Madagascar, nous construisons maintenant la troisième colonne de l'Union française ». Mais ce projet qui admet un déséquilibre dans la représentation des deux communautés au nom de la sauvegarde des intérêts de la minorité est un *projet raciste monsieur le ministre*… Aussi conclut-il : « telles que les choses se passent, nous sommes dangereusement compromis devant l'histoire. Elle dira qu'il fut une assemblée en l'an de grâce 1947, qui se réclamait des traditions révolutionnaires de 1789 et qui au nom de la liberté des peuples refusa l'accès à la liberté à un peuple ». Fontlup-Esperaber rapporteur MRP du projet s'insurge contre le qualificatif de raciste.

Pour bien signifier son refus du Statut gouvernemental en son nom et en celui de son groupe parlementaire, Houphouët-Boigny revient à la charge : « l'Algérie clé de voûte de l'édifice que l'on veut bâtir outre-mer se voit refuser les réformes qu'elle est en droit d'attendre de la France républicaine et démocratique. » Si l'on refuse un statut démocratique à cette clé de voûte qu'en sera-t-il pour les autres ? Il lui est aisé de dénoncer ce qui apparaît à ses yeux comme « La justification des mesures anti-démocratiques », le refus d'entendre les autres, le refus du collège unique pourtant qui existe au Sénégal ainsi que le vote des femmes · « Nous élus du RDA nous voterons contre le statut » conclut-il.

Conclusion

Tous les élus africains n'auront certes pas participé au débat sur le statut de l'Algérie. Peut-on réunir sous l'étiquette de leaders de la « décolonisation-continuité » et les opposer aux leaders de la « décolonisation-rupture » la plupart des leaders politiques de l'AOF et de l'AEF ?[23] L'on serait tenter de le faire, c'est-à-dire mêler des personnalités aussi différentes les unes que les autres sans tenir compte de leurs choix politiques ni de leur évolution. Ces choix se justifient par le fait que ces personnalités sont recrutées dans les couches de la petite bourgeoisie, parce qu'elles sont formées pour l'essentiel à l'École William Ponty, parce qu'elles ont suivi un parcours politique classique dont les règles du jeu étaient réglées par le système colonial, et peuvent s'avérer certes satisfaisants. Toutefois le fait que ces personnalités puissent être prises dans le jeu politique à un moment donné de leur vie montre que les choses sont plus compliquées. Félix Houphouët-Boigny et Barthélémy Boganda se rapprochent sur beaucoup de points liés à leur origine sociale, mais sont fondamentalement différents par leurs engagements politiques. Que dire alors du dit prince Alexandre Douala Manga Bell ?

Leurs interventions devant l'Assemblée nationale française en cette année 1947 pourraient être considérées comme autant de textes de référence sur le panafricanisme produits par des intellectuels. Elles montrent comment, en moins de deux années de participation à la vie parlementaire française et devant des sujets politiques tragiques (Indochine, Madagascar et Algérie) si certains d'entre eux ont fait le choix partisan (Boganda et Douala notamment et à un degré moindre Ould Babana) les autres ont pris la position critique parfois la plus inconfortable (Senghor et Lamine Guèye, parce que non-conforme à celle de leur parti). Outre la qualité politique de leurs interventions et leur portée littéraire émaillée de solides références historiques, il est important de noter le souci constant de lier constamment la situation concédée à l'Algérie à celle de tous les autres pays de cette Union française pratiquement mort-née, particulièrement aux autres pays africains.

Notes

1. Élu à l'Assemblée consultative au titre de représentant de la Résistance à Alger. Professeur à la Faculté de Droit à Alger puis doyen. Il est élu MRP à l'Assemblée constituante puis à la première Assemblée législative de 1946. En désaccord avec la ligne de son parti au sujet du Statut de l'Algérie voté en 1947, il se rapproche du mouvement gaulliste.
2. Le Dr Benjelloul a été l'un des fondateurs, en 1927, de la Fédération des élus musulmans, organisation dont est issu le parti de Ferhat Abbas, l'Union populaire algérienne devenue après 1945, l'Union démocratique du manifeste algérien (UDMA). Après la tenue du Congrès musulman du 7 juin 1936, sa carrière politique a évolué vers un rapprochement toujours plus grand avec les thèses coloniales.
3. Desanti, Dominique, 1947, *L'année où le monde a tremblé*, Paris, Albin Michel, 1976. L'ouvrage de référence reste celui de Berstein Serge et Milza, Pierre (dir.), 2000, *L'Année 1947*, Paris, FNSP. Voir plus particulièrement les contributions de Marc Michel, « L'Empire colonial dans les débats parlementaires » et Odile Rudelle, « Le vote du statut de l'Algérie ».
4. Toutes les citations sont extraites des comptes rendus *in extenso* des débats à l'Assemblée nationale française.
5. RDA (Regroupement démocratique africain), issu d'un congrès tenu à Bamako en 1946 de partis progressistes africains. Autour d'Emmanuel d'Astier de la Vigerie et de Gilbert de Chambrun, se regroupent Houphouët-Boigny bien sûr, Coulibaly Ouezzin, Felix Tchicaya, Kaboré Zinda, Gabriel Lisette, Mamadou Konaté, Mamba Sano ainsi que Martin Aku (apparenté).
6. Avec Yacine Diallo, Fily Dabo Sissoko, Jules Ninine, Horma Ould Babana, Aubamé (?) et Jean Silvandre (?). Raoul Borra (Alger) et Maurice Rabier (Oran) sont les seuls députés européens venus d'une colonie.
7. Alice Sportisse, Chérif Djemad, Pierre Fayet et Mohamed Mokhtari sont inscrits dans le groupe communiste auquel Jean Martine, député de la Côte des Somalis est apparenté.
8. Au MRP : Augarde (Constantine), Aujoulat (Cameroun), Serre (Oran), Viard (Alger) et Duveau (Madagascar) ; au PRL : le général Aumeran (Alger), les républicains indépendants : Pantaloni (Constantine) et Quilici (Oran) ; les radicaux-socialistes : Jacques Chevalier (Alger), Jeanmot (Oran), René Mayer (Constantine) et Auguste Rencurel (Alger) ; et l'UDSR : Bayrou (Gabon), Castellani (Madagascar), Malbrant (Tchad Oubangui).

9. Tronchon, Jacques, 1974, *L'insurrection malgache de 1947. Essai d'interprétation historique*, Paris, Maspero.

10. Exception à la règle : Paul Viard, député MRP d'Alger, vice-président du groupe parlementaire, quitte son parti après avoir exprimé son désaccord sur le contenu du Statut de l'Algérie.

11. *L'Echo d'Oran*, 9 avril 1947.

12. La lecture des seuls comptes rendus *in extenso* des débats ne décrit pas l'atmosphère qui régnait dans l'hémicycle du Palais Bourbon. Selon *l'Année politique* (1947:95), « les trois séances de l'Assemblée … se distinguèrent par leur calme et même l'ennui qui s'en dégageait ».

13. On n'en dit pas plus encore aujourd'hui sur l'Algérie.

14. Un parallèle peut être fait avec les attaques qu'ont oublis trois gouverneurs généraux de l'Algérie, accusés eux aussi de sympathie avec les Algériens : Célestin Jonnart (1903-1911 et 1917-1919), Maurice Viollette (1925-1927) et surtout Yves Chataigneau

15. Lacheraf, Mostéfa, 1999, *Des noms et des lieux. Mémoire d'une Algérie oubliée,* Alger, Casbah Editions, 1999, pp. 134-135.

16. Ni Lamine Guèye dans son livre pas plus que Djamel Derdour (député MTLD) dans le sien intitulé *De l'Étoile nord-africaine à l'Indépendance*, Alger, El Houma, 2000, n'ont rapporté cet incident.

17. Sont également intervenus dans le débat : Georges Gosnat, Roger Duveau, Horma Ould Babana et Marius Moutet en tant que ministre de la France d'Outre-mer.

18. Au cours de ces trois scrutins, Bentaïeb et Douala s'alignent systématiquement sur les positions de la droite coloniale. Après un premier vote favorable, l'Abbé Boganda rejoint la majorité africaine.

19. Il ne serait pas inintéressant de faire le pointage des votes de certaines personnalités politiques, classées plus ou moins à gauche : Pierre Mendès-France, François Mitterrand (qui était ministre, il est vrai), Guy Mollet.

20. Les députés PCF se sont abstenus, ainsi que le groupe URR. Les Africains membres de ce groupe ont tous voté contre.

21. *L'Année politique* 1947, p. 150

22. La bataille pour l'unicité du collège électoral que défendait Senghor était considérée comme perdue.

23. Abamy, Alfred-Alpha Zentho, 1986, « Les leaders africains du mouvement de décolonisation », *Le Mois en Afrique*, juin-juillet.

2

L'Histoire interrégionale comme socle de l'intégration panafricaine : l'émergence d'une école des historiens spécialisés dans les relations du Maroc avec le Soudan

Zahra Tamouh

Introduction : L'histoire du Maroc ; une triple appartenance

L'histoire du Maroc s'est construite autour de trois grands courants d'influence ou d'appartenance : Le monde arabo-islamique en Orient, le monde ibérique puis l'Europe au nord et le Soudan ou l'Afrique sub-saharienne au sud.

L'islamisation du pays et son intégration à la civilisation arabo-islamique ainsi que sa grande contribution à l'élaboration de cette civilisation ont été déterminantes dans le renforcement des liens avec l'Orient. La profondeur et la continuité de ces relations et la dimension qu'elles occupent sont essentielles pour la compréhension de la perception et la représentation que fait l'histoire de cette relation ainsi qu'à la place qu'elle occupe dans la construction de l'imaginaire et de la mémoire collectifs des Marocains.

Les relations de l'Afrique du Nord avec l'Europe méditerranéenne ont connu un nouveau tournant avec l'islamisation, surtout avec la domination marocaine d'une partie de la Péninsule ibérique. Durant huit siècles, la relation avec le Nord s'est inscrite dans un rapport de force en faveur du Maroc. Elle s'est construite autour d'une magnifique intégration qui à été a l'origine de la brillante civilisation andalouse.

L'occupation de Grenade a donné un coup décisif à la relation avec l'Europe, pour prendre une nouvelle direction avec les grandes découvertes qui ont amorcé une ère défensive ayant remplacé la politique offensive traditionnelle suivie par le Maroc.

Depuis cette période et durant cinq siècles, le contact avec le Nord s'est inscrit dans une longue histoire de confrontation, de méfiance et de renforcement de la différence. Le degré de ressentiment a été derrière la construction de l'identité marocaine autour de la religion, pays de l'islam (Dar Al-Islam) face à l'autre, pays des infidèles (Dar Al-Kufr).

La colonisation, qui a transformé les conditions socio-économique. en imposant une occupation militaire, une organisation administrative et des modèles de production totalement nouveaux, a réussi à imposer une autre relation structurelle avec l'Europe. L'histoire du pays s'est ainsi imprégnée de la présence européenne.

En ce qui concerne le rôle de la profondeur africaine dans la perception de l'identité marocaine, il est important de rappeler qu'il dépasse l'appartenance géographique pour s'imposer en tant que composante incontournable dans la construction de l'Etat marocain. Toutes les dynasties qui se sont succédé au pouvoir depuis le Xe siècle ont pris leur départ du sud marocain, nœud des axes commerciaux transsahariens, ce qui a fait de la relation avec le soudan une composante déterminante dans la perception historique du pays.

Avec l'indépendance, les historiens marocains ont essayé de réécrire leur histoire à partir de cette triple appartenance/relation : le monde arabo-islamique, l'Europe et l'Afrique subsaharienne.

Nous allons traiter cette dernière dimension à travers cinq points : nous commençons par l'amorce de l'intérêt pour l'Afrique en tant que champ de recherche pour s'arrêter sur son renforcement. Nous présentons ensuite les orientations et les facteurs de consolidation qui ont permis une histoire interrégionale riche d'enseignements. Le dernier point sera consacré aux problématiques de recherches liées à cette expérience.

La dimension africaine : Un tournant amorcé

Longtemps, les relations du Maroc avec le Soudan ont été marginalisées, pendant, dans la formation universitaire, malgré le besoin manifesté de leur donner tout le poids qu'elles méritent dès les années soixante, surtout au niveau de la recherche (1).

Le début des années 80 à connu la confirmation, en tant que champ d'étude et de recherche, de cette troisième dimension de l'identité historique marocaine, à savoir la profondeur africaine. Ce rêve de nombre limité d'intellectuels marocains s'est concrétisé avec la soutenance d'une thèse, en 1982, à Paris I -Sorbonne sur les relations entre le Maroc et le soudan au XIXème Siècle.[2] Elle couvre une période marquée par la régression et la faiblesse de ces relations. Le travail s'est efforcé de rendre cette période plus féconde en lui donnant des reliefs, par la valorisation des relations culturelles tout en affirmant la continuité des traditions commerciales le long du XIXe siècle. Simultanément, une autre thèse a été soutenue, en 1983, à Bordeaux, sur les relations commerciales entre le Maghrib et l'Afrique occidentale du milieu du XIe siècle au milieu XIVe siècle.[3] En plus du fait que la thèse a contribué à mettre la lumière sur le rôle des relations économiques au détriment des relations politiques, elle a brossé un tableau exhaustif des ramifications de ces relations avec l'Afrique Occidentale à l'intérieur du Maroc et au-delà, vers la Méditerranée avec son rayonnement à l'époque.

Bien que cette direction de la recherche soit faite sans orientation spécifique ni consultation préalable des deux chercheurs concernés, elle reflète, sans doute, le sentiment ou la conviction de la dimension africaine dans la construction histori-que marocaine.

Ce travail intellectuel s'inscrivait dans une tradition de recherche des histo-riens marocains qui s'est intéressée à l'exploitation des manuscrits arabes épar-pillés dans les riches fonds marocains, ainsi qu'à la réécriture de l'histoire loin de la pesanteur politique Trois imminents chercheurs ou « chouyoukhs » (pl. de cheikh) ont joué un rôle catalyseur dans la mise en œuvre des manuscrits arabes en rela-tion avec Bilad As-Soudan et ont contribué à l'encadrement des chercheurs , à savoir les regrettés Ibrahim Al-Kattani avec son intérêt particulier pour les ma-nuscrits arabes qui concernent le Soudan, le catalogue des manuscrits qu'il a pré-paré sous l'égide de l'UNESCO rentre dans ce cadre, Mohamed El-Manouni avec ses riches et minutieuses recherches pour la visibilité des manuscrits en général, y compris ceux qui concernent le Soudan et Mohamed Hajji qui a réussi à éditer plusieurs ouvrages, dont des manuscrits, qui touchent de manière directe ou indi-recte, l'histoire interrégionale du Maroc et du Soudan. Cette dimension du rôle du manuscrit dans l'écriture de l'histoire du Maroc s'est conjuguée avec un intérêt pour redessiner les contours de l'histoire du pays loin du centre et à partir des régions ou (al-Atraf). Ce souci de la réécriture de l'histoire du Maroc, loin du poids de la vision officielle ou la préoccupation de l'histoire événementielle, a donné naissance à un cumul de recherches sur l'histoire régionale et locale. Ainsi, plusieurs chercheurs se sont intéressés aux régions limitrophes du Sahara et, sur-tout, aux centres commerciaux qui ont joué des rôles historiques, grâce à leur prospérité construite à partir de leurs relations avec le Soudan. C'est le cas du Tafilalet, Oued Noun, Tazeroualet, Oasis de Draa et Touat.

Une direction de recherche renforcée

Cette perception de la profondeur africaine dans la construction historique ma-rocaine a eu la chance d'avoir un prolongement à travers une volonté politique de la part de l'Etat marocain, qui a coïncidé avec le retrait du Maroc de l'OUA en 1984. Ce fait à été à l'origine de la remise en question des relations du pays avec ses confrères africains et a contribué à amorcer une certaine volonté en vue du renforcement du rayonnement du Maroc au sein du continent. Cette vision fut couronnée par la création d'une institution de recherche « l'Institut des Études africaines » en 1987[4] et par l'ouverture, à partir de l'année scolaire 1986-1987, d'une spécialité au niveau du troisième cycle, « Les études africaines »,[5] au sein du département d'Histoire à la Faculté des lettres et des sciences humaines à Rabat. Il faut rappeler que la volonté politique s'est affichée de manière timide et sans suivi, du fait de l'absence de stratégie claire et bien définie, ainsi que de la faiblesse du soutien financier. Le budget de l'Institut des Etudes africaines est dérisoire. Mais malgré cette carence matérielle, ce dernier a réussi à avoir des activités diversifiées, au-dessus de ses moyens budgétaires, surtout dans le domaine de la publication, grâce à la volonté de sa direction, de ses chercheurs et de son staff administratif. En ce qui concerne la spécialité « Les études africaines », Il est important de relever qu'elle n'a été accompagnée d'aucune allocation sur le plan financier, matériel ou humain. Cette expérience n'a duré que trois ans au niveau de la préparation du Diplôme des Études Approfondies (DEA), mais les soutenances de ses affiliés et ont continué jusqu'à nos jours (2003).Elle a pourtant constitué une opportunité pour la spécialisation de plusieurs chercheurs marocains et quelques Maghrébins dans l'histoire Soudano-maghrébine. Elle a, également, ancré et renforcé la conscience de la représentation de la dimension africaine dans l'histoire du Maroc, ce qui s'est reflété dans la croissance de l'intérêt pour le continent à travers les études, avec l'intégration des cours sur l'Afrique dans les programmes des départements d'histoire des différentes universités ; ou à travers l'orientation vers la recherche africaine.

Ainsi, le tournant de la valorisation de la profondeur africaine dans l'histoire marocaine à été amorcé, car, même après la l'arrêt du DEA sur « Les études africaines », plusieurs jeunes chercheurs se sont orientés vers l'Afrique pour en faire une spécialité ; au début, dans le cadre du découpage qui existait pour les études supérieures en Histoire : médiévale, contemporaine et moderne au sein de l'ancien système, et ensuite à travers les Unités de recherche dans le nouveau système. Cet intérêt pour la chose africaine a gagné les autres universités, en dehors de Rabat, ou plusieurs jeunes chercheurs ont trouvé des postes d'enseignants-chercheurs : à Fès, Casablanca, Oujda, Agadir et dans d'autres universités.

Quelques orientations de recherches

Ces efforts se sont soldés par l'émergence d'un courant, sinon d'une école marocaine spécialisée dans les études africaines. Les chercheurs ont réussi à couvrir toutes les époques de l'Histoire des relations interrégionales entre le Maroc et le Soudan à partir du milieu du VIIIe siècle jusqu'au début du XXe. Quelques-uns se sont penchés sur le « TAHQUIQ » des manuscrits ; et d'autres ont acquis assez de confiance pour pouvoir s'aventurer dans l'histoire des sociétés soudanaises. Tous ces chercheurs ont utilisé, à côté des sources européennes, françaises, anglaises et parfois espagnoles ou portugaises, des manuscrits arabes éparpillés dans les bibliothèques marocaines et dans les différents centres de la région soudano-maghrébine ou à l'étranger.

La recherche des historiens marocains a eu deux centres d'intérêts : Les relations entre le Maroc et le soudan et les sociétés soudanaises

Les relations entre le Maroc et le Soudan

Les thèses consacrées aux relations du Maroc avec le Soudan ont traité le sujet à partir d'angles différents :

La thèse de Nani, sur « al-Moulathamoune » (les voilés) et leurs relations avec l'Afrique du Nord et l'Afrique Occidentale,[6] a réussi à remodeler la manière d'approche à ce sujet du fait qu'elle a pu donner aux mouvements des Almoravides sa réelle dimension en tant qu'action initiée par des populations- charnière entre l'Afrique méditerranéenne et l'Afrique sahélienne. Cette approche impose une obligation d'ajuster la vision que les chercheurs ont de cette relation, qu'on avait l'habitude d'aborder soit du nord soit du sud.

Al-Ammari el-Houssin, avec sa thèse sur le commerce transsaharien du XVe au XVIIIe siècles,[7] a essayé de combler un vide dans les connaissances de ces relations au niveau commercial entre deux époques assez riches en renseignements : l'époque médiévale avec les travaux sur les Almoravides, le Ghana et le Mali, et l'époque contemporaine avec l'accumulation des connaissances qui a accompagné la préparation de la colonisation. Son choix pour les relations commerciales répond à ce même souci, du fait de l'absence d'intérêt pour ces relations par rapport aux relations politiques qui se sont focalisé sur le conflit des Saâdiens avec le Songhaï et les relations culturelles qui ont été consignées à travers la littérature religieuse sur les confréries.

Le travail de Saïd Harach,[8] a porté sur un thème consacré aux relations intellectuelles entre le Monde arabo-islamique et l'Afrique occidentale et centrale dans les temps modernes. Il a pu dessiner un tableau clair sur la nature de ces influences qui ont été déterminantes pour la formation de la mentalité des élites savantes musulmanes des régions soudanaises au point de réussir à teinter leur identité.

L'importance de la thèse de Aït Addi M'barek[9] vient du fait qu'elle a été consacrée entièrement à l'Expédition de Ahmed al- Manssour, sujet de controverse pour les relations entre le Maroc et le Soudan. Bien que ce sujet ait été traité de différentes manières, le chercheur a pu s'arrêter sur les multiples facettes de la problématique et a ainsi réussi à brosser une réalité objective qui ne satisfait sûrement pas les chercheurs passionnés des deux bords du Sahara.

Les sociétés soudanaises

La thèse de Choukri Ahmed,[10] sur l'Islam et la société soudanaise au Mali a suivi de manière rigoureuse l'utilisation faite des sources historiques pour comprendre la diffusion et l'ancrage de l'Islam dans la société de ce pays. Ce travail, qui a dépassé son cadre initial pour creuser dans les fondements de la pénétration de l'islam au Soudan, a fait preuve d'un souci permanent de la remise en question des jugements hâtifs sur l'islamisation de cette région quelle que soit son origine, en essayant de donner une historicité à ce phénomène. Cette approche s'est manifestée dans la mise en valeur du rôle des « Dou'at », élèves ou disciples de Abdallâh Ibn Yacine - que le désert a engloutis - dans l'islamisation du Soudan.

Chegraoui Khaled, avec sa thèse sur la religion et le pouvoir chez les Songhaï,[11] avait une autre préoccupation, celle d'appréhender la nature de la relation instaurée entre un pouvoir qui tirait sa légitimité de la religion musulmane et une société soudanaise qui avait ses propres règles de gestion et une certaine stratification basée sur des règles de dépendance. Le chercheur a essayé d'apporter un éclairage sur l'enchevêtrement du pouvoir et de la société soudanaise sous le royaume de Songhaï, en mettant la lumière sur l'organisation administrative et son degré d'encadrement de la population, et la marge laissée pour celle-ci pour continuer à gérer ses propres affaires.

La thèse de Sami Saïd sur la religion et le savoir chez les Askia[12] s'est attaquée à une autre facette de la société Songhaï. En suivant de manière exhaustive les courants de pensée et les ouvrages étudiés ainsi que le cheminement des Alims, le chercheur a réussi à brosser un tableau sur le cursus du savoir, le cheminement des talibés et le poids des Alims. Tous cela a contribué à la clarification de l'importance du rôle symbolique du savoir islamique dans la construction et la légitimité de l'élite.

Le travail de Sfioui Abd Ennebi sur la colonisation française au Sénégal[13] constitue un tournant dans la recherche africaine des historiens marocains. C'est la première thèse qui a osé s'éloigner de l'histoire confinée dans l'héritage musulman pour s'aventurer dans l'histoire coloniale de l'un des pays africains sub-sahariens qui ont des relations les plus vieilles et les plus intenses avec le Maroc.

Ouchen Khaled, avec sa thèse sur l'activité économique dans Le Haut Niger au moyen âge,[14] a pris une autre direction de recherche qui a comme finalité de démontrer le rôle de l'espace géographique dans l'épanouissement des sociétés. En décortiquant le rôle des rivières dans la civilisation soudanaise, à travers l'analyse pertinente de la vie économique dans le haut Niger, le chercheur a pu valoriser la dimension géographique en la soudant à la profondeur historique.

Al-tahquiq, ou la présentation et étude des manuscrits, a été présent dans la recherche sur les sociétés soudanaises. Avec le travail achevé par Chadli Bahija pour faire connaître Infaq al Mayssour de Mohamed Bello.[15] Cet effort a été accompagné simultanément par la traduction en français de la même œuvre par Maniar Mohamed.[16] Un autre chercheur, Arfag Chafik, à porté son choix sur la une partie de al-Taraif wa al-Talaid de cheikh al Mokhtar al-Kunti.[17]

Facteurs de consolidation

En observant l'histoire interrégionale du Maghreb et du soudan, à l'instar des autres pays limitrophes du Sahara, on constate que deux facteurs ont déterminé les relations entre les deux régions : le commerce et l'islam. Pour avoir une compréhension de la nature de ces deux facteurs, il est primordial de leur donner une profondeur temporaire et spatiale en mesure de leur conférer leur réelle dimension historique. Le commerce ne se réduisait pas à de simples échanges techniques, il n'est pas seulement une gestion de l'offre et de la demande ; il était essentiellement le support de toute une civilisation contenant une vision complexe et très élaborée des échanges. L'organisation de ces échanges comprenait des volets des « Mo'amalat », qui englobent, l'introduction de l'écriture à travers la consignation des transactions, une certaine unification des poids et des mesures, ainsi qu'un arsenal juridique musulman pour régler les différends entre les protagonistes. Elle englobe aussi des mécanismes de gestion du commerce soit au niveau interrégional en sauvegardant et renforçant les intérêts des grands bénéficiaires, soit au niveau local en assurant l'hébergement, l'intermédiation, la traduction et l'information fiable sur les cours du marché. Le commerce était tellement structuré, qu'il constituait l'activité principale sur laquelle se greffaient les intérêts ou le rêve de la population dans les centres des deux rives du Sahara.

L'Islam ne se limitait pas à des rites ou « Aqua'id », mais contenait aussi une dimension essentielle, à savoir : la culture savante, « al–Taqafa al'Alima », qui contenait tout le savoir de la civilisation Arabo-Islamique, englobant l'enseignement, avec ses différents degrés, qui va de la diffusion de l'enseignement rudimentaire basée sur le déplacement des maîtres d'écoles à celui de l'instruction pour les niveaux les plus avancés, basée sur le déplacement des talibés. La diffusion se faisait aussi par le biais du « al- Naskh ». Copier les livres était le seul moyen de répondre au besoin de savoir et d'assurer la pérennité des écrits. Ce savoir qui circulait dans les deux régions, le Maghreb et le Soudan, se basait sur le même socle doctrinal qui est le « Madhab al-Maliki». Le malikisme constituait le ciment confessionnel qui unifie les deux régions et qui renforce leurs liens spirituels au-delà de toute considération politique. Il est important d'attirer l'attention sur le fait que ce savoir « al –Taqu'afa al 'Alima » était un moyen de promotion sociale. Il formait des Talibs, Fakihs et 'Alims et toute une élite capable de répondre aux besoins de l'Etat et de la société pour différentes professions, comme les corps d'enseignants, de juges, de 'Adouls, de noussakhs (copieurs), de secrétaires ou de conseillers.

La culture populaire « al-Taqafa al-Amma », basée sur les « Ibadat » et les rites, constituait le terreau d'une culture populaire diffuse plus forte et plus ancrée que la culture du savoir. Les rites musulmans, comme tout autre rite religieux, marquaient les individus par leur présence dans trois moments décisifs pour la vie de chaque être humain : la naissance, le mariage et la mort. Les rites propres à l'acte religieux, comme la prière, le ramadan, la zakat et el-haj, renforcent cette culture populaire en relation avec la religion. Le degré d'influence est lié au degré de la présence des rites. La rencontre au sein des mosquées cinq fois par jours constitue le principal canal de diffusion de cette culture. Ramadan, avec la rigueur qui l'accompagne, implique, en plus des traditions culinaires et des comportements

sociaux, une discipline collective qui consolide les sentiments d'identité. L'acquit-
tement de la Zakat une fois par an et la présence de l'aumône, tous les jours, ont
participé, en tant que symboles de la solidarité sociale, à l'ancrage et à la consolidation des liens entre les différents membres de la communauté musulmane. El-
Haj, bien que son accomplissement ait été rare, contribuait à la formation de
leadership, car il est perçu comme un rêve pour tout musulman et représentait,
ainsi, le sommet du degré de religiosité pour tous ceux qui se le permettent. La
multiplication des écoles coraniques a constitué un réseau de mécanismes chargé de
la continuité des liens entre la culture populaire (al-Amma) et intellectuelle (al-
Alima).

La lecture de l'histoire des relations entre l'Afrique du Nord et les pays de
l'Afrique sub-saharienne tourne indéniablement autour des relations culturelles
et commerciales. Ces deux axes ont constitué le pivot de la construction d'une
histoire brillante d'intégration africaine interrégionale. Toute approche scientifique et honnête pour revisiter cette histoire est soumise à la dimension que le
chercheur fait du rôle intégrateur de ces deux éléments.

Cette vision qui définit la trame des relations entre le Maghreb et le Soudan à
été un cadre de référence pour la recherche sur ces deux régions, conduite par ces
historiens au Maroc. La nature de ces relations intenses qui vont de la complémentarité et la sauvegarde des intérêts mutuelle, à des divergences qui ont conduit
à des confrontations douloureuses, a imposé une relecture interrogative et non
définitive. Elle a fait ressortir des traits communs qui ont jalonné l'histoire des
deux régions et qui ont été derrière la grandeur de leur civilisation, ainsi que leur
prospérité et leur capacité à s'imposer au niveau régional, par le biais de la construction d'Etats forts et la mise en œuvre des structures de pouvoirs politique,
religieux, militaire et économique en mesure de répondre aux besoins de l'époque. Il est primordial de tenir compte de la dimension constructive émanant de
cette relation.

Problématiques de recherche

L'intérêt que nous pouvons tirer de cette relation positive ne pouvait pas se faire
sans une conscience aiguë pour s'arrêter avec lucidité sur les points de discorde
qui ont entaché l'histoire des relations interrégionales soudano- maghrébines. Trois
questions se sont imposées comme problématiques de recherches : La relation du
royaume du Ghana avec les Almoravides, l'Expédition d'Ahmed El- Manssour et
l'esclavage. Ces trois points ont constitué des directions de recherches pour des
historiens marocains et maghrébins au Maroc.

Le premier point à été au centre de l'une des premières thèses spécialisées en
histoire africaine soutenues au Maroc. Ahmed Choukri, qui a porté son choix sur
l'étude de la société soudanaise au royaume du Mali, a senti, dès les premières
investigations, la nécessité de revoir l'origine de l'islamisation de la société soudanaise. Cette démarche s'est confrontée à l'utilisation confuse des sources histori-

ques, ainsi qu'aux jugements qui tendent à généraliser des conclusions hâtives. Il a ainsi été obligé de faire de l'Islam au Ghana le socle sur lequel repose sa thèse.

L'historien a soumis le peu de sources arabes existantes à une rude interrogation en leur imposant toutes sortes de critiques, tout en les exposant à des différentes hypothèses. Cette démarche lui a permis de remettre en question l'occupation du Ghana.

Une autre thèse, conduite par un chercheur mauritanien, a fait des Sanhaja son sujet de recherche. El-Houssin Ouled En-Nani a préféré traiter le sujet à partir de l'espace saharien en tant que zone de communication entre le Maghreb Al–Aksa et le Soudan, en valorisant bien sûr le rôle des voilés « al- Moulathamoune » comme l'un des acteurs incontournables pour l'écriture de l'histoire de cette période. Sa thèse a suivi en détail le cheminement du mouvement des Almoravides tout en s'arrêtant sur leur relation avec le Ghana. Loin d'être conflictuelle, cette relation englobait une dimension plus complexe qu'on ne pourrait résumer à une vision unilatérale

Le deuxième point concerne l'expédition d'Al-Manssour au soudan. Bien que cette problématique ait été traitée par plusieurs thèses, elle a fait l'objet, en tant que telle, d'une thèse entière défendue par M'bark Ait Addi. Le chercheur a décortiqué les sources concernant cette expédition. Il a réussi à mettre en valeur les contradictions faites autour de l'initiative du sultan, pour faire connaître les exactions commises par les Arma au Soudan. Il a réussi, surtout, à rapporter les critiques que l'expédition a soulevées au sein de l'élite marocaine. Ils émanaient non seulement des Olama, mais même de la famille des Saâdiens, y compris El-Mamoun, le propre fils d'Al-Manssour. La thèse a pu donner à la solidarité des Olama et au respect des gens de la science toute sa dimension dans les sociétés de la région, en mettant en avant l'accueil qui a été réservé au Maroc à Ahmed Baba al-Tomboukti, ainsi qu'au rôle que celui-ci a réussi à jouer dans l'éclairage des faits historiques en relation avec le Soudan comme l'esclavage. Son point de vue va constituer une référence en la matière pour les historiens marocains qui vont le suivre, le cas d'an-Naciri fait école dans ce domaine. L'historien à tenu à éclaircir aussi le commerce du tabac, qui a été un des sujets de préoccupation d'Ahmed Baba. En tant que 'Alim, Ahmed Baba avait la compétence et le savoir pour former des jugements à base religieuse « al-Iftaa » pour des affaires strictement marocaines comme l'utilisation juridique de « Alouah Jazoula », lois traditionnelles ou « Orf » qui a été couramment utilisé côté de la Chari'a , loi islamique.

Le troisième point tourne autour de l'esclavage, un sujet de discorde par excellence. Bien qu'il ait été traité par presque toutes les thèses et les recherches, il reste encore un des thèmes à élucider.[18] Une approche innovatrice devrait pousser ce sujet de discorde vers une direction objective pour le traitement du sujet à partir des hypothèses correctes. Est-ce que l'économie marocaine nécessitait l'apport d'une main- d'œuvre abondante ? Y a- t-il une communauté noire au Maroc actuellement en dehors des habitants des Oasis de Drâa, qui sont des autochtones et non des esclaves ? Quelle est la place qu'occupait l'esclavage domestique ? Est-ce qu'il y avait une féminisation de l'esclavage ? Quel est le rôle intégrateur de l'islam et quel sort a été réservé aux esclaves mères et à leurs enfants ? Y a-t-il une différence d'utilisation des esclaves noirs et blancs ?

Conclusion : Ce qui rassemble est plus profond que ce qui divise

Il ressort de cette expérience marocaine une ultime conviction de revisiter l'Histoire africaine en transcendant les frontières nationales pour l'inscrire non seulement dans une optique sous-régionale, mais pour donner aussi à l'Histoire inter-régionale, en tant que facteur de pulsion de progrès et d'intégration, toute la valeur qu'elle mérite. La région maghrébo-soudanaise nous donne une leçon de cette histoire édifiante : du Royaume du Ghana à la dynastie Alaouite, en passant par les Almoravides, l'empire du Mali, les Merinides, les Songhai, les Saâdiens, et les Etats des réformes religieuses au Soudan.Une Histoire d'intégration riche de complémentarité et d'échange malgré quelques heurts et confrontations. La richesse du Soudan a permis la consolidation des Etats marocains et l'islamisation du Soudan l'a arrimé à la civilisation arabo- musulmane. L'intégration de l'or africain au circuit d'échange méditerranéen à travers la frange nordique du continent a permis au Soudan de devenir l'une des composantes de la civilisation méditerranéenne et, au-delà, sa participation à la civilisation universelle.

J'espère que cet effort de plus d'une vingtaine d'années, qui s'est soldé par une trentaine de thèses, pourra être bénéfique à la communauté des chercheurs africains, par le biais d'une diffusion–critique et des échanges pour le faire connaître ou s'en inspirer pour instaurer des expériences similaires en vue d'impulser ou consolider l'histoire africaine interrégionale.

Pour atteindre cet objectif, ce cumul scientifique de l'école marocaine nécessite quelques recommandations :

1- Faire connaître ces recherches : d'abord par la publication en arabe ; ensuite par la traduction de quelques thèses, entièrement ou partiellement, en français et/ou en Anglais.

2- Faciliter la visibilité de ce courant de recherche en offrant l'occasion à ces jeunes chercheurs de présenter les résultats de leurs recherches et de confronter leur savoir à celui de leurs confrères de l'Afrique sub-saharienne, surtout ceux de l'Afrique Occidentale, afin de réorienter ou confirmer leurs hypothèses de travail.

3- Instaurer une politique pour optimiser l'utilisation des manuscrits arabes, en faisant bénéficier la recherche sur l'histoire des pays ou communautés africaines musulmanes ou concernés par l'Islam de l'expertise de ces chercheurs dans le domaine de l'exploitation des manuscrits arabes, non seulement ceux répertoriés au Maroc, mais surtout ceux du Sahel et du Soudan.

Notes et références

1. Les travaux de Mohamed el-Gharbi témoigne de la présence de la profondeur soudanaise en tant que préoccupation essentielle dans l'écriture de l'histoire du Maroc indépendant. Cette préoccupation pour le Soudan, à l'instar de l'écriture historique dans les pays nouvellement indépendants, s'inscrivait dans le cadre d'un besoin d'affirmation et de la consolidation de l'histoire nationale.

2. Tamouh, Zahra, 1982, « Le Maroc et le Soudan au XIXe Siècle », contribution à une histoire interrégionale de l'Afrique, thèse de doctorat de troisième cycle, Paris I – Sorbonne.

3. El-Alaoui, Abdelaziz, 1983, « Le Maghrib et le commerce transsaharien du milieu du XIe siècle au milieu XIVe siècle », thèse de doctorat de troisième cycle, Bordeaux.

4. voir : www.ensup.gov.ma.iea

5 J'ai la chance et le plaisir d'encadrer cette spécialité avec le regretté professeur et imminent penseur Mohamed Hajji.

6) <u>الناني ولد الحسين</u> : <u>صحراء الملثمين</u> وعلاقتها بشمال وغرب إفريقيا من منتصف القرن 8م/2ه إلى نهاية القرن 11م/5ه ، دكتوراه ، كلية الآداب والعلوم الإنسانية ، الرباط ، **1999.**

7) <u>عماري الحسين</u> : المغرب والتجارة العابرة للصحراء من القرنXVم إلى القرن XVIII م (إسهام في دراسة المغرب وعلاقاته التجارية مع السودان الغربي خلال العصر الحديث)، <u>دكتوراه</u>، كلية الآداب والعلوم الإنسانية ، الرباط ، **2003.**

8) <u>حراش سعيد</u>: <u>العلاقات الفكرية بين العالم العربي الإسلامي وغرب ووسط إفريقيا جنوب الصحراء خلال القرنين 10-11 ه 16- 17م: من الرحلة إلى الهوية إلى الكتابة</u>، د.د.ع. كلية الآداب والعلوم الإنسانية ، الرباط ، **1993** .

9) <u>آيت عدي مبارك</u> : حملة أحمد المنصور الذهبي إلى بلاد السودان1591 م /999 ه ، دكتوراه ، كلية الآداب والعلوم الإنسانية ، الرباط ، **2003.**

10) <u>شكري</u> **أحمد** : <u>الإسلام والمجتمع السوداني : امبراطورية مالي(1230 1430</u>) ، د.د.ع. كلية الآداب والعلوم الإنسانية ، الرباط ، **1991.**

11) **الشكراوي خالد** :<u>الدين والسلطة في إفريقيا الغربية (مساهمة في دراسة بعض البنيات السياسية في السودان الغربي) :628ه1000م/1230ه 1591م، د.د.ع.</u> كلية الآداب والعلوم الإنسانية ، الرباط, **1991.**

12) **سامي سعيد** : <u>مساهمة في دراسة تاريخ الحياة الدينية في السودان الغربي خلال العصر الوسيط : الدين والعلم في عهد الأسكيين 1493 – 1591</u> , د.د.ع. كلية الآداب والعلوم الإنسانية, فاس **1991,** .

13) **أسفيوي عبد النبي** : <u>الاستعمار الفرنسي بالسينغال (1854- 1897)</u>د.د.ع. كلية الآداب والعلوم الإنسانية ، الرباط ، **1996** .

14) **أوشن خالد** : <u>النشاط الاقتصادي في النيجر الأعلى 1230 –1591 م/ 628-999</u> ه)، <u>دكتوراه</u> ، كلية الآداب والعلوم الإنسانية ، الرباط ، **2001.**

15) **الشاذلي بهيجة**: إنفاق الميسور في تاريخ بلاد التكرور لصاحبه محمد بلو بن عثمان بن فودي ، دراسة وتحقيق ، د.د.ع. كلية الآداب والعلوم الإنسانية ، الرباط ، 1990 .

16) **منيار محمد**: إنفاق الميسور في تاريخ بلاد التكرور لصاحبه محمد بلو بن عثمان بن فودي ، ترجمة إلى الفرنسية وتقديم ، د.د.ع. الرباط ، 1991 .

17) **أرفاك شفيق**: الطرائف والتلائد من كرامات الشيخين الوالدة والوالد لمحمد بن المختار الكنتي : الأبواب الأول والرابع والخامس ، تقديم وتحقيق ، د.د.ع. كلية الآداب والعلوم الإنسانية، الرباط ، 1992

18. Il a fait l'objet d'inscription comme sujet de thèse de la part du feu abdallâh el-Masoudi, historien et juriste en même temps, malheureusement la mort ne nous a pas laissé la chance de bénéficier de ses compétences.

Annexe

Liste des thèses soutenues au Maroc

لائحة الرسائل و الأطروحات حول الدراسات الإفريقية بالمغرب

شكري أحمد : الإسلام والمجتمع السوداني:امبراطورية مالي(1230 1430) ، د.د.ع. كلية الآداب والعلوم الإنسانية ، الرباط ، 1991.

الشكراوي خالد: الدين والسلطة في إفريقيا الغربية (مساهمة في دراسة بعض البنيات السياسية في السودان الغربي) :628ه 1000م/1230ه 1591م، كلية الآداب والعلوم الإنسانية ، الرباط, 1991.

سامي سعيد : مساهمة في دراسة تاريخ الحياة الدينية في السودان الغربي خلال العصر الوسيط : الدين والعلم في عهد الأسكيين 1493 – 1591 , كلية الآداب والعلوم الإنسانية, فاس , 1991.

الشاذلي بهيجة: إنفاق الميسور في تاريخ بلاد التكرور لصاحبه محمد بلو بن عثمان بن فودي ، دراسة وتحقيق ، كلية الآداب والعلوم الإنسانية ، الرباط ، 1990 .

أرفاك شفيق: الطرائف والتلائد من كرامات الشيخين الوالدة والوالد لمحمد بن المختار الكنتي : الأبواب الأول والرابع والخامس ، تقديم وتحقيق ، كلية الآداب والعلوم الإنسانية، الرباط ، 1992 .

منيار محمد : إنفاق الميسور في تاريخ بلاد التكرور لصاحبه محمد بلو بن عثمان بن فودي ، ترجمة إلى الفرنسية وتقديم ، الرباط ، 1991 .

حراش سعيد: العلاقات الفكرية بين العالم العربي الإسلامي وغرب ووسط إفريقيا جنوب الصحراء خلال القرنين 10-11 ه / 16-17 م: من الرحلة إلى الهوية إلى الكتابة، كلية الآداب والعلوم الإنسانية ، الرباط ، 1993 .

اسريدي نور الدين : مساهمة في دراسة موريتانيا خلال النصف الأول من القرن العشرين ، 1900 – 1934 ، كلية الآداب والعلوم الإنسانية ، الرباط ، 1995 .

أسفيوي عبد النبي : الاستعمار الفرنسي بالسينغال (1854- 1897) كلية الآداب والعلوم الإنسانية ، الرباط ، 1996 .

الناني ولد الحسين : **صحراء الملثمين** وعلاقتها بشمال وغرب إفريقيا من منتصف القرن 8م/2ه إلى نهاية القرن 11م/5ه ، كلية الآداب والعلوم الإنسانية ، الرباط ، **1999**.

أوشن خالد : النشاط الاقتصادي في النيجر الأعلى 1230 –1591 م/ 628-999 ه. ، كلية الآداب والعلوم الإنسانية ، الرباط ، **2001**.

آيت عدي مبارك : حملة أحمد المنصور الذهبي إلى بلاد السودان1591 م /999 ه . ، كلية الآداب والعلوم الإنسانية ، الرباط ، **2003**.

عماري الحسين : المغرب والعلاقة العابرة للصحراء من القرنXVم إلى القرن XVIIIم (إسهام في دراسة المغرب وعلاقته التجارية مع السودان الغربي خلال العصر الحديث) كلية الآداب والعلوم الإنسانية ، الرباط ، **2003**.

شكري صالح :السودان الأوسط : مملكة كانم برنو من منتصف القرن 11 إلى منتصف القرن 16 ، كلية الآداب والعلوم الإنسانية ، الرباط ، للمناقشة خلال السنة الجامعية **2003**-2004.

خالد الشكراوي : الإسلام والسلطة في السودان الغربي خلال القرن 19 م ، دكتوراه الدولة ، كلية الآداب والعلوم الإنسانية ، الرباط ، 2002 .

بهيجة الشاذلي : الفكر السياسي عند عثمان بن فودي، دكتوراه الدولة ،كلية الآداب والعلوم الإنسانية ، البيضاء ،2002.

الصنهاجي عبد الحميد : التعاون الفرنسي مع دول إفريقيا الغربية(1960-1990)دكتوراه الدولة، كلية الآداب والعلوم الإنسانية ، الرباط ، 2001

زهرة طاموح : الأمم المتحدة وأقل البلدان نموا (1964 -2001) ، دكتوراه الدولة، كلية الآداب والعلوم الإنسانية ، الرباط ، 2003 .

الحيمر محمد : الجيش الدخيل في الدول الإسلامية : جيش العبيد والإنكشارية العثمانية ، محاولة في المقاربة ,دكتوراه، كلية الآداب والعلوم الإنسانية ، الرباط ، 2001 .

عبد العزيز العلوي : تأثيرات بلاد المغرب على حضارة السودان الغربي في العصر الوسيط: الدين والفكر ، دكتوراه الدولة، كلية الآداب والعلوم الإنسانية، فاس، 1999.

3

Pluralité de la communauté noire des États-Unis : une problématique diasporique spécifique

Kangbai Konaté

Introduction

Tandis que tous les immigrés sont arrivés aux États-Unis de leur plein gré et munis d'une histoire et d'un passé que personne ne remettait en question, l'histoire du Noir, descendant d'esclaves africains – arrivé de force dans le Nouveau Monde – fut inscrite dans un tout autre registre. Ces derniers se sont vu dénier, du fait de l'esclavage et du racisme, toute participation à l'histoire de l'humanité, dans laquelle ils n'entrent d'ailleurs que de manière passive, par l'entremise de la « découverte » et du regard du Blanc sur l'Afrique. Ainsi, l'esclave est désigné par des termes élaborés par d'autres. Ce processus a donné naissance à une véritable « naturalisation » du Noir. Ce dernier s'apparentait à un objet qui, durant la période de l'esclavage, était défini comme un meuble, une chose dont le propriétaire pouvait disposer à sa guise.

Cette situation d'oppression a engendré la lutte du Noir pour trouver sa place dans la société américaine et, au cours de ce processus, l'esclave africain est devenu l'Africain américain. Cette évolution est le résultat d'une lutte acharnée des Américains d'ascendance africaine pour être acceptés comme des Américains à part entière. Cette résistance a pris des formes diverses et, à bien des égards, perdure aujourd'hui.

Pendant longtemps, les Noirs des États-Unis ont été identifiés à l'Afrique, elle-même généralement perçue de manière négative dans la culture américaine (terre de sauvages, peuples arriérés). Aussi, l'attitude des Africains américains vis-à-vis de l'Afrique semble ne pas aller de soi et, certainement, pour beaucoup, révèle une part d'ambiguïté, entre acceptation et rejet. L'Afrique[1] semble être incontournable dès lors qu'est évoquée la question ethnique des Noirs et leur passé pré-américain. Cette partie du monde est *représentée* comme la terre des ancêtres. Cet article, extrait d'un travail de recherche, se penche sur la pluralité de la communauté noire des États-Unis qui forme un groupe hétérogène dont les membres cohabitent plus ou moins harmonieusement.

Cette recherche avait justifié un travail de terrain effectué entre 1998 et 2001, à Washington DC, et ses environs, la Virginie et le Maryland, ainsi qu'à Harlem (New York). Ces choix furent doublement justifiés : d'une part, Washington DC présente la particularité d'avoir une forte population noire américaine et, d'autre part, cette ville, et surtout ses environs – de même que Harlem – connaissent une immigration africaine relativement importante, ce qui nous a offert un « champ d'investigation » plus élargi.

Les Africains : minorités dans la minorité ?

Aux côtés des Noirs américains que nous appelons également natifs, coexistent d'autres populations noires, immigrés volontaires[2] dont certains sont devenus Américains. Il s'agit des Antillais et des Africains. En 1990, les immigrés noirs formaient 4,8% de la population totale américaine. Les Africains représentent un pourcentage encore modeste de l'immigration totale aux États-Unis. Entre 1997 et 2002, le nombre d'immigrés en provenance d'Afrique (*foreign-born*) et vivant sur le territoire américain est passé de 600 000 à environ un million de personnes. Bien qu'encore faible au regard d'autres immigrations, ce chiffre est en augmentation par rapport aux années antérieures : 35 000 personnes en 1960 et 400 000 en 1990 (US Census Bureau 2000, 2002). Le mouvement migratoire des Africains vers les États-Unis a connu un essor important après 1965 et s'est accéléré après 1980. Ungar (1995) donne deux explications à cette immigration tardive des Africains vers les États-Unis. Tout d'abord, il souligne la difficulté d'obtenir un visa, sauf pour un petit nombre d'étudiants, puis le fait que le prix du billet revienne beaucoup trop cher aux candidats à l'immigration. Cette dernière explication ne saurait être considérée comme l'une des causes essentielles du faible nombre d'immigrés africains aux États-Unis, car force est de constater que les candidats à l'immigration clandestine, en provenance des pays les plus pauvres, sont capables de payer des fortunes aux « passeurs » afin d'atteindre le pays de leur choix. L'un des facteurs explicatifs du faible nombre d'Africains aux États-Unis, en plus de ceux déjà évoqués, est probablement lié au fait que les Africains tendaient à émigrer vers les anciennes puissances coloniales d'Europe (France, Grande-Bretagne, etc.).

Les immigrés noirs sont issus de pays et de cultures différents, et forment un groupe dont l'hétérogénéité est bien souvent ignorée. D'ailleurs, l'administration américaine classe ce groupe en fonction de critères raciaux (*Black*) et non ethniques : dans la littérature américaine sur l'immigration des populations « noires », le terme « ethnique » désigne la nationalité de même que l'identité des individus. Dans le contexte américain, cela revient à ne pas différencier un Trinidadien d'un Malien.

Nous avons défini comme immigré africain une personne née sur le continent africain et qui a émigré aux États-Unis. Nous faisons donc la différence entre les Africains, les Antillais et les Africains américains ou natifs noirs dont les ancêtres furent amenés de force aux États-Unis. Ainsi, les immigrés africains et antillais comprennent tous les immigrés volontaires, y compris les réfugiés, qui se sont installés aux États-Unis de manière provisoire ou permanente.

La population immigrée africaine aux États-Unis ne suscite que très peu d'intérêt dans les sciences sociales, aussi, nous avons utilisé des études portant sur l'immigration antillaise – qui a servi de support – dès lors qu'elle pouvait servir à illustrer de manière pertinente la situation des Africains. La réalité des immigrés noirs est d'être une minorité au sein d'une autre minorité qui se trouve être l'une des plus stigmatisée au sein de la société américaine : « Le Noir entre aux États-Unis avec un double statut de Noir et d'immigré » (Reid 1969:215). Les immigrés noirs épousent deux caractéristiques, leur invisibilité d'immigrés et leur visibilité de Noirs (Waters 1999). Bien que la remarque précédente s'adresse à l'immigration antillaise, elle est aussi valable pour l'immigration africaine.

Stratégie d'adaptation : ne pas devenir « Noir américain »

Dans une étude récente portant sur les immigrés antillais de New York, Mary Waters estime qu'en raison du statut des Africains américains au sein de la société américaine, les immigrés noirs tendent à résister à la culture américaine, et veulent maintenir leur identité et culture antillaises. Car en fait, devenir Américain, pour ces derniers, se réduirait à devenir Noir américain. Ces immigrés tentent donc d'échapper au processus marginalisant auquel les natifs noirs sont encore soumis. Pour ce groupe, devenir Américain n'est pas valorisant. Par conséquent, il est préférable de préserver un statut d'immigré, plutôt que de connaître une mobilité sociale descendante (Waters 1999; Vickerman 1999; Bryce-Laporte 1973).

Ce rejet d'une identité « américaine » est d'ailleurs renforcé par le fait qu'aux États-Unis, les immigrés noirs sont quasi-systématiquement comparés aux Africains américains et non pas aux autres étrangers ou à la population globale. Il n'est donc pas étonnant de voir ces immigrés noirs revendiquer leurs « différences culturelles » pour se distinguer des Noirs américains. Ainsi, certains immigrés préservent précieusement leur accent afin de faire comprendre qu'ils viennent d'ailleurs, qu'ils ne sont pas des natifs noirs. Cet effort de dé-stigmatisation fut souligné par certains auteurs ayant essentiellement travaillé sur les populations antillaises. Dans le cadre de cette recherche, nous avons constaté le même type de stratégie chez de nombreux Africains. Soulignons que ce *social distancing* n'est pas toujours un signe d'hostilité des immigrés noirs vis-à-vis des natifs noirs.

Cependant, nous avons pu observer chez de nombreux Africains une certaine méfiance, voire de l'hostilité, à l'égard des Noirs américains, perçus comme une population violente. Il est également ressorti des entretiens avec ces mêmes personnes que la plupart d'entre elles ne fréquentaient pas de natifs noirs. Cependant, pour valider leurs affirmations, elles ont pris pour preuve les médias, perçus comme une source d'information sur les zones de violence urbaine. Par exemple, cette jeune africaine qui travaille pour un organisme international à Washington DC, affirmait : « Moi je pense que ces gens-là [les Noirs américains] sont dangereux. Regardez tout ce qui se passe dans ce pays. Les Noirs sont infréquentables ! Je pense qu'ils sont par nature violents et bien sûr, je ne les fréquente pas. L'un des premiers conseils que m'ont donné mes cousins, lorsque j'ai débarqué dans ce pays, était de ne pas fréquenter les Noirs ».

Ce type de stigmatisation est renforcé par de nombreux employeurs et collègues blancs américains qui dissocient les immigrés noirs des Américains noirs, faisant entendre aux premiers que d'une certaine manière, ils sont « supérieurs » à leurs frères de couleur. En outre, la combativité dont fait preuve la population immigrée noire les rapproche de l'éthique protestante tant valorisée aux États-Unis et dont l'un des éléments fondamentaux est l'idée que les individus sont récompensés selon les efforts qu'ils consacrent au travail. Au sein de la société américaine, les immigrés noirs bénéficient d'un « préjugé favorable » qui, *a priori,* rendra leur accès à l'emploi plus facile que les natifs noirs, perçus comme plus rétifs et manquant d'éthique professionnelle.

En soulignant le présumé succès des immigrés par rapport aux Noirs américains, certains auteurs ont contribué à renforcer le mythe du « bon immigré » dont les Antillais et les Africains prennent avantage. Notons que beaucoup d'auteurs utilisent la présumée réussite des immigrés noirs afin de mieux faire ressortir que les difficultés rencontrées par une partie de la communauté noire native sont dues à quelque chose d'inhérent à ce groupe, car sinon comment expliquer que d'autres Noirs puissent « s'en sortir ». Ce point de vue avance l'idée que les natifs noirs ont des avantages que les immigrés n'ont pas (une meilleure connaissance du fonctionnement du système, des réseaux, bien souvent une meilleure maîtrise de la langue, etc.). Ce type de logique permet, à ceux qui s'en réclament, d'affirmer que le problème des Noirs réside donc dans une sorte de déficience culturelle et dans les mœurs présumées relâchées de cette communauté (Sowell 1978). Cette approche « dédouane » la société américaine qui n'est pas à blâmer et montre du doigt les Noirs pauvres qui ne devraient s'en prendre qu'à leurs propres insuffisances.

Nous retrouvons renforcée ici l'image du « bon immigré », travailleur, discret et heureux d'être dans un pays qui lui offre des opportunités dont il sait profiter. Par ailleurs, dans ce type de contexte, lorsque les Américains noirs sont comparés aux immigrés, il est peu fait cas des particularités des deux groupes. Par exemple, il semble insuffisant d'aborder les problèmes rencontrés par la communauté noire américaine, sans évoquer les structures de la société américaine. Aussi, pourquoi comparer des immigrés, certes noirs, aux natifs de la même couleur, pensant trouver-là des paramètres de comparaison objectifs ?

Contrairement aux immigrés volontaires, les ancêtres des Africains américains – minorités involontaires (selon John Ogbu) – arrivés aux États-Unis contre leur gré, sont parmi les groupes les plus anciennement installés dans cette partie du monde. Aussi, les comparaisons hâtives entre immigrés volontaires et involontaires cachent des réalités différentes et beaucoup plus complexes que certaines conclusions ne le font croire : l'objectif étant de souligner les supposées spécificités pathologiques des Noirs américains. Même le gouvernement américain ne fait pas de distinction entre des groupes aussi différents que les Noirs, les Hispaniques et les Asiatiques, qu'il compare dans des domaines aussi variés que l'éducation, les choix politiques ou encore la réussite professionnelle. Pourtant :

> […] c'est une erreur de taille que de regrouper indifféremment les Noirs avec les Hispaniques et les Asiatiques, parce que c'est ignorer les profondes différences dans les relations que chaque groupe entretient avec la majorité actuelle aux États-Unis. Les Noirs ne sont pas des immigrés et ne l'ont jamais été, et leur expérience est fondamentalement différente de l'expérience des immigrés en Amérique.

> Il y a cent cinquante ans, les *ethnies* qui ne pouvaient se fondre dans la société américaine étaient, en plus des Noirs, les Irlandais, les Allemands et, il y a cent ans, les Italiens, les Juifs, les Polonais et les Russes. Tous furent méprisés, exclus, maltraités, subirent la discrimination et furent parfois décrits comme des sous-hommes et toujours moins attrayants que la majorité anglo-saxonne. Tous se sont assimilés, sauf les Noirs (Steinhorn, Diggs-Brown 1999 : 18-19).

Les immigrés rattrapés par la réalité américaine

L'une des grandes différences entre les Noirs américains et les immigrés noirs est qu'ils interprètent différemment la discrimination. Les immigrés viennent de communautés où ils représentent la majorité de la population et tendent à voir la discrimination raciale comme un obstacle surmontable : « Les immigrés semblent interpréter les barrières économiques, politiques et sociales dressées contre eux comme un problème plus ou moins temporaire qu'ils vont ou peuvent surmonter avec le temps, beaucoup de travail ou une éducation » (Ogbu 1991:10-11). En contraste, pour les Africains américains : « le préjugé […] semble permanent, en fait institutionnalisé » (Waters 1999:142). Ces attitudes opposées face à la discrimination sont à l'origine d'une certaine incompréhension entre les deux groupes. Les Noirs américains estiment que les immigrés noirs sont trop dociles ou ne comprennent pas la réalité des relations raciales aux États-Unis. De leur côté, les immigrés antillais, mais également africains, se disent étonnés par la volonté des Noirs américains de mettre tout incident entre Blancs et Noirs sur le compte du racisme.

Ce parti pris des immigrés noirs de « faire avec » les structures discriminatoi-res de la société américaine suscite la colère de nombreux Africains américains. Ces derniers ne comprennent pas l'absence de « colère » des immigrés et leur volonté d'épouser les valeurs du *mainstream* ou société globale. Cette attitude est parfois vécue comme une trahison et un manque de solidarité et de « conscience noire » par les natifs noirs. Cependant, nombre d'immigrés ayant séjourné long-temps aux États-Unis – dont certains appartiennent à la classe moyenne – admet-tent que dans leur milieu professionnel, ils rencontrent une discrimination cer-taine, notamment lorsque les questions de promotion sont abordées. Les immigrés de la classe moyenne ont davantage tendance que les autres à percevoir les Noirs américains comme des alliés sur leur lieu de travail, mais continuent d'insister sur leurs spécificités d'immigrés, afin de se distinguer des Africains américains en général.

En contraste, les immigrés qui occupent des emplois au bas de l'échelle sociale se sentent en compétition avec les Noirs américains et tiennent un discours plus hostile à l'égard de leurs collègues. Ce jeune livreur de pizza ivoirien illustre assez bien les ressentiments de certains Africains à l'égard de leurs collègues noirs amé-ricains : « Les Noirs sont franchement antipathiques. Ils nous font comprendre qu'on n'est pas chez nous et qu'on leur prend leur boulot. En plus, quand tu viens d'arriver et que tu ne comprends pas la langue, ils ne font aucun effort pour t'aider. Ils sont jaloux ! Certains sont là depuis longtemps, mais aucun d'eux n'est *manager*. Les *managers* sont des Africains ou des gens des îles. Parce que les Noirs américains ne sont pas sérieux et puis ils aiment trop se plaindre. Ils sont les seuls qui font des histoires ici. Les autres Noirs et les *Spanish*, on s'entend bien ».

Mary Waters souligne l'enthousiasme et l'optimisme de la première génération d'immigrés et sa volonté d'ascension sociale. Elle a observé qu'après quelques années aux États-Unis, ces immigrés sont obligés de prendre la mesure de leur statut de Noirs qui les rapproche de la situation des Africains américains : la mo-bilité sociale ascendante se heurte bien souvent à un confinement social et géo-graphique. Pourtant, le schéma de l'assimilation suggère plutôt que la seconde génération d'immigrés s'intègre mieux que la première, devient américaine et con-naît une mobilité sociale ascendante. Ce fut le cas pour l'immigration européenne qui a, en général, connu une mobilité ascendante à partir de la seconde généra-tion. Cette ascension sociale s'accompagnait de l'acquisition de la culture et des valeurs de la classe moyenne anglo-américaine. Dans une telle logique, l'assimila-tion est inévitable et préférable, et la « culture américaine » est implicitement per-çue comme supérieure à la culture de l'immigré. Dans le cas des immigrés noirs, ce schéma de mobilité sociale ascendante est loin d'être avéré, car dès lors que ce groupe devient Américain, il rejoint l'une des communautés que l'on retrouve au bas de l'échelle sociale, et dont certains chercheurs comparent le statut à celui d'une caste (Waters 1999).

Malgré sa connaissance de la discrimination à l'égard des Noirs aux États-Unis, la première génération d'immigrés sous-estime à quel point la perception négative du Noir est implantée dans la société américaine et s'exprime au quotidien à travers des pratiques discriminatoires plus ou moins subtiles. Ainsi, malgré toute leur bonne volonté, nombre d'immigrés noirs finissent par perdre sur le terrain de la lutte pour la réussite économique et sociale parce que, même s'ils bénéficient de stéréotypes favorables par rapport aux Africains américains, ils n'en sont pas moins perçus comme des Noirs et sont susceptibles de subir un traitement similaire à celui des Africains américains. Cet état de fait permet de mieux cerner l'ampleur des problèmes auxquels font face les Noirs américains. Par exemple, la plupart des immigrés noirs vivent dans des quartiers « noirs » où ils rencontrent le même type de problèmes que les Africains américains, c'est-à-dire des formes plus ou moins intenses de ségrégation.

Les enfants de ces immigrés noirs ont plus de chance que les enfants d'autres immigrés de se retrouver dans des écoles situées dans des quartiers difficiles (drogue, violence, etc.), sauf pour tous ceux qui ont les moyens et la possibilité d'envoyer leurs enfants dans des écoles privées ou internationales. Mais même pour les immigrés noirs appartenant à la classe moyenne, la situation est difficile en raison de leur confinement dans les enclaves ségréguées des grandes villes américaines qui n'ont rien à voir avec les espaces où vivent d'autres groupes ethniques ayant le même statut socio-économique.

Contrairement à la plupart des autres groupes ethniques composant la société américaine, la classe moyenne noire n'a pas réussi à se dissocier de l'image négative qui pèse sur la communauté noire américaine. Cette dernière est largement perçue comme un groupe qui se trouve au bas de l'échelle sociale pour des raisons qui lui sont inhérentes. Ainsi, les Noirs américains furent et sont encore un contre-repère pour tous les immigrés. En raison de ces stigmates, la classe moyenne noire n'a pas pu développer une « ethnicité symbolique » qui soit en accord avec son statut socio-économique, comme les Blancs de la classe moyenne ont pu le faire en choisissant les aspects de leurs origines ethniques les plus positifs et en rejetant les aspects les plus négatifs. Ainsi, les Irlandais, les Juifs ou les Italiens américains peuvent se définir comme Américains ou faire référence à leur héritage culturel (irlandais, juif ou italien-américain). Comme nous le montre l'exemple des immigrés noirs, il existe encore aujourd'hui aux États-Unis une très forte tendance à racialiser le Noir. Malgré ses nombreuses tentatives pour s'affranchir de ce stigmate, force est de constater que le Noir demeure, selon la formule de Frantz Fanon, « sur-déterminé de l'extérieur ».

La seconde génération d'immigrés noirs ne partage pas systématiquement les convictions de la première, à savoir la croyance qu'un travail acharné est toujours récompensé. Une partie de cette jeunesse née aux États-Unis a bien souvent une vision différente de la société. Certains, parmi ces jeunes, vivent dans des quartiers fortement ségrégués et fréquentent des écoles de mauvaise qualité, ce qui augmente la probabilité pour eux d'obtenir des emplois mal rémunérés. Cette seconde génération-là tend à s'identifier aux Noirs américains et adopte une culture qui reflète leur environnement (le ghetto urbain) (Gans 1992). Les enfants d'immigrés qui ont une vision différente de la société américaine et refusent d'accepter les emplois sous-payés que leurs parents occupaient peuvent connaître une mobilité sociale descendante.

Les jeunes de la seconde génération qui restent attachés à la communauté de leurs parents et qui revendiquent leur ethnicité ont plus de chance de connaître une mobilité ascendante, mais ils seront alors moins assimilés à la « culture américaine » (Gans 1979). Ces jeunes font surtout partie de la classe moyenne et emploient des stratégies en vue d'échapper à la catégorisation imposée aux Noirs par la société américaine. M. Waters évoque le cas d'une jeune femme, née aux États-Unis, de parents antillais, qui demande à sa mère de l'aider à se créer un accent crédible avant d'aller passer des entretiens d'embauche.

De leur côté, certains Africains ont évoqué leur nom à consonance africaine comme moyen d'échapper au stigmate d'être perçus comme Noirs américains. Un jeune homme né aux États-Unis et dont les parents travaillent pour un organisme international à Washington DC, déclare, soulagé : « Je m'appelle A. D. et il est clair qu'avec un nom comme le mien, personne ne peut me confondre avec mes frères noirs. Quand j'ai passé un entretien à Morgan Stanley, le directeur de la boîte m'a dit qu'il avait un couple d'amis sénégalais qui portaient le même nom que moi, qu'il connaissait aussi quelques Africains et qu'il savait que les Africains étaient des gens très travailleurs. Vous savez, nous on est les Smith du Sénégal ! Il a reconnu mon nom, ça m'a sauvé la vie ! ». Non seulement, le directeur de l'agence où travaille ce jeune homme a reconnu un nom, mais il a également exprimé un point de vue assez répandu qui fait de l'étranger noir – même si la personne interrogée est de nationalité américaine – un « bon immigré », implicitement comparé aux Noirs américains. Cet exemple illustre bien les raisons pour lesquelles certaines personnes issues de la seconde génération d'immigrés – dont la plupart sont Américains – cherchent à conserver une identité ethnique comme moyen de se donner toutes les chances d'une mobilité sociale ascendante aux États-Unis. Ainsi, la classe sociale façonne la manière dont la « race » et la culture sont utilisées dans la négociation identitaire.

Lorsque Noirs américains et Africains se rencontrent

Au-delà des liens symboliques entre les Noirs américains et l'Afrique (et les Africains), que se passe-t-il lorsque les deux groupes entrent en contact aux États-Unis ?

Profil d'une immigration africaine

Les Africains sont nombreux à vivre dans la capitale fédérale, Washington DC et dans les États suivants : la Virginie, le Maryland, New York, le New Jersey, la Floride, l'Illinois, le Texas et la Californie (Africa-America Institute 2001). La première vague d'Africains aux États-Unis est vieille d'un siècle et demi. Elle était en grande partie composée de ressortissants du Cap Vert. Avant 1965, les Africains émigraient vers les anciennes puissances coloniales, mais à partir de 1965, la législation a permis à davantage d'Africains de s'installer aux États-Unis. En 1986, une loi d'amnistie a permis aux immigrés résidant depuis longtemps aux États-Unis de régulariser leur situation. La réforme sur l'immigration Hart-Cellar de 1965 a supprimé les quotas sur l'origine nationale des immigrés qui favorisaient l'immigration en provenance d'Europe. Cette loi a ouvert la porte à une immigration non européenne, permettant à davantage d'Hispaniques, d'Antillais, d'Asiatiques et d'Africains d'entrer aux États-Unis. Cette nouvelle immigration donne un nouveau visage à l'Amérique.

Notons que les Africains eux-mêmes sont un groupe hétérogène qui comprend non seulement des personnes de pays différents, mais également des personnes qui, au départ de leur pays d'origine, avaient des profils socio-économiques différents. En raison des problèmes politiques et économiques que rencontrent beaucoup de pays africains, il existe une véritable fuite des cerveaux, ce qui donne à cette immigration un certain profil :

> Les immigrés africains occupent, de manière disproportionnée, des postes à responsabilité et techniques (PMT)[3] – 44 pour cent des immigrés africains aux États-Unis, ayant déclaré avoir une occupation, ont des qualifications de type PMT, comparés à 34 pour cent, pour l'ensemble des immigrés […]. Le nombre d'Africains ayant un poste de type PMT aux États-Unis est encore relativement faible et totalisait tout juste 52,000 entre 1990 et 1998 ou 7 pour cent du nombre total des 801,000 personnes occupant un poste de type PMT aux États-Unis durant cette période. Ce nombre augmentera certainement lorsque les Africains ayant ce type de poste se naturaliseront. Ils seront alors en mesure d'utiliser le système des visas pour faire venir leur famille, dont plusieurs membres, en particulier les épouses/époux, ont des chances d'être également hautement qualifiés.[4]

Ce constat d'une population africaine d'immigrés relativement compétitive et ayant un niveau d'études assez élevé tranche avec les images de l'Afrique auxquelles les

Américains sont habitués. Aussi, de nombreux observateurs et analystes, à commencer par les experts du Bureau du recensement, furent surpris par cette immigration « pourtant issue du continent le plus pauvre au monde ». *The Economist* s'est fait l'écho de cet état de fait, n'hésitant pas à comparer cette population d'immigrés aux Noirs américains :

> [...] Les 200,000 immigrés noirs qui comptent pour 15% de la population noire née à l'étranger sont le groupe le plus éduqué aux États-Unis. Les trois quarts ont fait des études supérieures ; un sur quatre a fait des études au-delà de la licence. Il n'est donc pas surprenant qu'ils s'en sortent bien. Mais pourquoi les immigrés noirs en général s'en sortent si bien, et si vite, là où les Noirs d'Amérique échouent ?[5]

Washington, DC, est devenue une destination de choix pour de nombreux Africains car la ville offre des opportunités professionnelles. Elle est aussi le siège des ambassades africaines. Par ailleurs, les Africains déjà installés en ont attiré d'autres (famille et amis). Les Africains sont arrivés en trois vagues successives dans la région. Tout d'abord, dans les années soixante-dix, des étudiants et travailleurs au statut temporaire ont décidé de rester aux États-Unis, et furent aidés par l'*Immigration Reform and Control Act* de 1986 qui facilitait l'obtention d'un statut légal pour les plus qualifiés d'entre eux. Au cours des années quatre-vingt, de nombreux réfugiés ont pu s'installer aux États-unis, notamment les Éthiopiens à Washington et sa banlieue. Dans les années quatre-vingt-dix, une troisième vague d'Africains a pu s'installer sur le territoire américain grâce à l'introduction, en 1990, du *Diversity Visa Program*. Dans le cadre de ce programme, le Département d'État américain propose chaque année, à des ressortissants étrangers, des visas immigrants en fonction de quotas par pays. Les personnes sont sélectionnées à la suite d'un tirage au sort informatique.

Valorisation de « l'identité africaine »

La population africaine de Washington DC, et de ses environs est particulièrement dynamique. Cette région concentre une population immigrée en provenance d'Afrique noire qui s'élève à environ 60 000 personnes, dont la majorité vient de la corne de l'Afrique (Éthiopie, Érythrée et Somalie), puis viennent d'autres nationalités dont les Nigérians, les Ghanéens, les Sierra-Léonais et les Sénégalais, entre autres. Ces personnes occupent des emplois dans les organisations internationales et dans le secteur privé. De nombreux magasins comme *Oyingbo International Store* à Hyattsville (Maryland) offrent des produits africains impossibles à trouver au supermarché. Il n'est pas rare de voir dans ce type de magasin des journaux, magazines, cassettes audio et vidéo en provenance du continent. Certains magasins se sont spécialisés dans la vente de produits artisanaux et de bijoux. De nombreux vendeurs à l'étalage (dont beaucoup sont sénégalais et maliens) vendent des produits sur les trottoirs de Washington DC, et sa banlieue. Ces vendeurs participent aux différents festivals africains à travers le pays et une grande partie de leur clientèle est noire américaine. La restauration est également un secteur où les Africains sont assez présents, notamment les Éthiopiens, dans le quartier cosmopolite d'Adams Morgan de Washington DC. Certains immigrés africains travaillent dans des salons de coiffure ou en sont propriétaires et, une grande partie de leur clientèle est composée de noires américaines. Certaines de ces petites entreprises ont pu voir le jour grâce au système des tontines qui a permis de contourner les nombreuses barrières, à l'obtention de crédits, auxquelles les immigrés ont à faire face de la part des banques commerciales.

Parce qu'au cours de ces deux dernières décennies, les Africains se sont installés plus longuement ou définitivement aux États-Unis, et en raison de la distance culturelle entre la culture d'origine et la société d'accueil, ils sont confrontés à leur nouvelle identité d'immigré et surtout, ils s'efforcent de faire ressortir leur ethnicité et de la transmettre à leurs enfants que beaucoup tentent de sensibiliser, voire d'imprégner de « culture africaine ». Afin de préserver leur culture, des Africains se sont regroupés en associations, dont certaines sont destinées à leurs enfants.

La quasi-totalité des parents africains rencontrés lors du travail de terrain ont exprimé leur inquiétude quant à l'avenir de leurs enfants nés aux États-Unis ou arrivés dans ce pays en bas âge. Ces parents refusent l'idée que leurs enfants puissent devenir « Américains », surtout lorsqu'ils imitent les jeunes noirs américains. Pour conjurer cette éventualité, plusieurs d'entre eux ont participé à la création d'associations et d'écoles de langues africaines où les jeunes apprennent à mieux connaître leur culture d'origine. Par exemple, à Washington DC, et ses environs, l'*Isokan Yoruba Language Institute* se charge de fournir un enseignement de la langue et de la culture yoruba aux enfants et aux adultes. Remi Aluko, écrivain et éducatrice originaire du Nigeria, a fondé *Camp-Africa*, une colonie de vacances un peu particulière où les enfants apprennent des langues africaines et différents aspects de certaines cultures du continent (histoire, géographie, contes, théâtre, musique, artisanat, etc.). Toutes ces organisations et instituts ont pour objectif de donner aux enfants le sens de leur identité africaine.

Comme nous l'avons souligné ailleurs, il n'existe pas de communauté africaine immigrée homogène, tant les frontières entre les différents groupes qui la composent sont floues : l'affiliation religieuse prévaut parfois sur l'appartenance ethnique et ce même critère divise en fonction d'origines culturelles ou géographiques communes (N'Diaye et Belanus 1997). L'expérience de nombreux Africains aux États-Unis est de ne plus être seulement Malinké ou Soussou de Guinée, mais de se voir rattacher à une communauté plus globale, de se reconstruire une « identité africaine » plus large dans laquelle l'on devient Africain. Cette nouvelle identité peut inclure les Antillais et/ou les Africains américains. Ce rattachement plonge un Peul du Sénégal ou un Yoruba du Nigeria dans un monde fait de contacts et d'échanges intra-diasporiques (conférences, programmes culturels, etc.).

Tensions et incompréhensions

Les Africains et les Africains américains ont en commun d'avoir des caractéristiques phénotypiques communes, vivent souvent dans les mêmes quartiers et appartiennent à la même catégorie administrative. Cependant, au-delà de ces similarités, il existe de nombreuses divergences. Par exemple, les Noirs américains reprochent souvent aux Africains d'ignorer le racisme de la société américaine et les Africains répondent qu'ils interprètent le racisme différemment et ce que les Noirs américains prennent pour du racisme n'est en fait bien souvent qu'une altercation entre deux personnes de couleur différente. Un restaurateur éthiopien d'Adams Morgan qui vit aux États-Unis depuis dix-huit ans illustre assez bien le sentiment de nombreux Africains à l'égard des Africains américains : « Les Noirs américains sont toujours en train de se plaindre du racisme. Ils en rajoutent un peu et estiment être des victimes. Bon, c'est vrai qu'il y a du racisme, mais nous autres Africains on fait avec ! Et puis, c'est pas notre pays, on a trouvé une situation et on fait avec. Les Noirs de ce pays sont traumatisés par l'esclavage. Ils ne sont pas fiers de leurs origines africaines. Ils ont perdu leur mémoire historique pendant l'esclavage. Ils n'ont plus la mémoire du passé et pourtant c'est ça qui forge l'identité ».

Au sujet des rapports parfois délicats entre Noirs américains et Africains, un commerçant malien qui vit à Washington DC depuis neuf ans affirme : « En tant que commerçant, je suis avec eux [les Noirs américains] tous les jours. Ils représentent environ 85% de ma clientèle et les rapports sont cordiaux. J'ai deux amis qui ont épousé des femmes noires américaines. Elles sont différentes de nos femmes… un peu trop occidentales à mon goût. Vous savez, elles ne sont pas toujours très respectueuses de leur mari et de nos coutumes. Par exemple, il y en a une qui refuse que la famille de son époux reste chez eux quand ils viennent en visite, du Mali en plus ! Une Africaine ne ferait jamais une chose pareille ». Cependant, un autre commerçant malien a exprimé sa « joie » de connaître des Noirs américains : « Les frères noirs sont intéressants. Ceux qui viennent dans mon magasin sont très ouverts. Plusieurs d'entre eux ont une connexion avec l'Afrique : ils y sont allés en visite, ils ont une femme ou un mari africain, ils sont professeurs de danse africaine, etc. J'aime voir le respect qu'ils ont pour la culture africaine. Moi je les considère comme mes cousins d'Amérique. D'ailleurs, je projette d'amener mes voisins noirs en Afrique d'ici l'été 2002. Vous savez, je sais que beaucoup d'Africains n'aiment pas les *African Americans*, mais il faut qu'on s'ouvre un peu. Qu'on les accepte ! Ils sont comme nous, il y en a des biens et d'autres qui sont moins bien ».

L'une des grandes différences entre ces deux commerçants maliens est que le premier vit dans une communauté africaine assez repliée sur elle-même, très solidaire, qui a très peu de contacts avec les Noirs américains, sauf professionnels. Le second vit dans un milieu plus cosmopolite. Il a des amis de différents pays et de « toutes les couleurs ». Notre travail d'observation nous a amené à observer une tendance chez les immigrés africains rencontrés : plus ils vivent en communauté d'origine, plus le regard qu'ils portent sur les Noirs américains est négatif. Ce constat est le résultat d'observations à partir de notre « terrain » particulier et ne peut bien évidemment pas être érigé en règle générale.

De leur côté, beaucoup de Noirs américains trouvent que les Africains les rejettent et vivent en clan, se sentent supérieurs et sont arrogants. Comme nous l'avons souligné ailleurs, les immigrés africains tendent, en règle générale, à se distinguer de la communauté noire sur laquelle reposent quelques-uns des stéréotypes les plus négatifs. Cependant, les tensions qui existent entre les Noirs américains et les Africains sont encore largement passées sous silence. Les Noirs américains reprochent aux Africains de cultiver leur différence plutôt que d'essayer de transcender les particularités des deux groupes. L'une des tensions majeures dans ces relations entre Africains et Noirs américains repose sans doute sur les différences que ces deux groupes ont de la réalité américaine et qui détermine la construction des rapports sociaux au sein de la société américaine. Pour les raisons évoquées précédemment, les Africains tendent à particulariser leur identité pour survivre dans une Amérique où il vaut mieux avoir le statut d'immigré que d'être défini comme Noir américain.

Certains Africains américains accusent les Africains et les autres immigrés noirs de profiter injustement des quelques privilèges pour lesquels ils ont eu à se battre. Ainsi, certaines personnes rencontrées ont estimé qu'il était trop facile pour « n'importe quelle personne noire » de bénéficier d'une inscription universitaire ouverte à la communauté noire ou encore d'obtenir des contrats préférentiels avec le gouvernement. Le propriétaire d'une petite entreprise d'informatique de la banlieue de Washington DC affirmait : « Après tout, ce sont les luttes menées par les nôtres qui ont permis la mise en place de ces mesures dont les Africains et d'autres peuvent aujourd'hui bénéficier. Je sais que certains d'entre eux [les immigrés] ont pris la place de Noirs américains ». Une étudiante africaine américaine de Georgetown University a souligné que « cette situation m'est d'autant plus intolérable qu'après tout les Africains ont eux aussi participé à la traite négrière ». Une jeune américaine d'origine nigériane, interrogée sur le campus d'Howard University, estime quant à elle que : « les Africains mènent leurs batailles également et ont le droit de bénéficier de ces quelques avantages, car nous aussi nous avons connu le parcours du combattant ». Une Camerounaise inscrite à American University, à Washington DC, déplore le fait que : « les Noirs américains disent vouloir se rapprocher de leurs origines africaines et des Africains en développant tous ces concepts et pratiques afrocentristes, mais dès lors qu'existe un semblant de concurrence avec les Africains, ils deviennent Américains et revendiquent leurs droits de premiers habitants ».

Au sujet de cette distance entre les Africains américains et les Africains, une jeune noire américaine, étudiante à Howard University, en troisième année de psychologie déclarait : « Howard University reçoit pas mal d'étudiants africains et en tant qu'université noire, je pense que c'est très bien. Les rapports entre Africains et Africains américains sont assez bons, mais en général, nous vivons dans deux mondes différents, sauf pour la plupart des Africains nés aux Etats-Unis. Je connais pas mal d'Africains parce que ma mère est de Lagos au Nigeria et mon père est Noir américain de Chicago. Nous avons vécu une quinzaine d'année dans différents pays africains, puis nous sommes revenus ici. Je pense que le grand problème entre les deux communautés est qu'elles ignorent tout l'une de l'autre. Les préjugés vont bon train. Les Africains pensent que tous les Noirs américains sont violents et qu'une partie de la jeunesse appartient à des gangs. De leur côté, les Africains américains ne savent de l'Afrique que ce que les médias en montrent (guerres, famines, corruption, etc.), et ont donc une mauvaise image des Africains. Nous devons apprendre à mieux nous connaître et à vivre ensemble ». Cependant, malgré les tensions, il existe de nombreux espaces de concertation entre les Africains et les Noirs américains. Il existe par exemple entre les deux communautés des programmes d'échanges et de jumelages de villes entre les Etats-Unis, les Antilles et l'Afrique (*sister city*).

Une noire américaine enseignant la littérature dans une école de Washington a déclaré : « Mon mari est africain et nous avons deux enfants, une fille et un garçon de douze et huit ans. En tant que mère soucieuse d'apporter à ses enfants une bonne connaissance de leur héritage africain, je tente d'associer mes enfants à la plupart des événements sur l'Afrique, etc. Mon mari qui est nigérian leur parle yoruba. Quelle ne fut pas ma surprise, lorsque nous sommes allés en visite au Nigeria, il y a quelques années, de découvrir à quel point la jeunesse nigériane ressemble de plus en plus dans son style vestimentaire, ses goûts musicaux prononcés pour le hip hop et une certaine gestuelle, à la jeunesse américaine. Je me suis demandée si nous autres Américains noirs n'étions pas en train d'essayer de nous africaniser, tandis que l'Afrique, tout au moins une partie de la jeunesse africaine, n'était pas en train de s'américaniser, en absorbant une culture populaire que nous véhiculons à travers le monde. Cela ne finit pas de me surprendre ! ».

Il est également intéressant de noter que dans nombre de pays d'Afrique noire, la culture populaire américaine, dans sa version « black », comme aiment à le dire les francophones, rencontre un succès grandissant, de Dakar à Johannesburg, en passant par Yaoundé. De nombreux voyages en Afrique de l'Ouest nous ont permis de constater ce phénomène au sein d'une grande partie de la jeunesse urbaine africaine : T-shirts à l'effigie de Malcom X ou d'artistes et athlètes noirs, goûts musicaux en faveur du rap et gestuelle vue à la télévision et/ou au cinéma. À Dakar et Abidjan par exemple, il nous est arrivé d'entendre des jeunes s'interpeller en argot américain : « *what's up, man ?*».

Au-delà des réussites individuelles (Oprah Winfrey, Danny Glover, Michael Jordan, Bill Cosby, etc.), la culture populaire américaine véhicule une certaine image du Noir américain, souvent décrit dans un contexte de violence urbaine. Le cinéma a véhiculé cette image avec des films comme *Boyz in the Hood* (1991) ou *Menace 2 Society* (1993) ; tandis que le rap est l'un des modes d'expression les plus populaires au sein de la jeunesse aux États-Unis et ailleurs. Cette culture-là est perçue comme une menace par nombre de parents immigrés africains qui y voient la validation de leurs craintes. Il existe ainsi des tensions entre certains immigrés africains et leurs enfants, en raison du contrôle que les parents veulent exercer sur un environnement qui est, bien souvent, celui dans lequel vivent leurs enfants au quotidien.

La question de l'identité africaine et américaine se pose directement aux enfants d'immigrés africains nés ou ayant grandi aux États-Unis. Dans un entretien accordé à Africana.com, un site Internet destiné à la culture africaine et africaine américaine, une jeune américaine, fille d'immigrés libériens déclarait : « Cela fait suffisamment longtemps que je suis ici pour m'assimiler à la culture africaine américaine, mais j'apprécie et comprends le point de vue africain [...]. J'attache énormément d'importance au fait d'être africaine. C'est un peu comme la *double consciousness* décrite par DuBois, sauf que cette fois, cela se passe au sein de la communauté noire » (*Africana.com*, October 2000 : 3).

En guise de conclusion

Les Noirs américains qui, pour la grande majorité, n'ont jamais voyagé en Afrique, tendent à avoir du continent noir une image idéalisée, quasi-exotique. En outre, ni les médias, ni les pratiques afrocentristes ne leur permettent de se constituer une image réaliste de l'Afrique. De leur côté, les Africains se tiennent éloignés des Noirs américains en raison, d'une part, des préjugés en circulation sur les natifs noirs et, d'autre part, parce que nombre de ces immigrés sont principalement en contact avec d'autres Africains. Dans leurs rapports aux États-Unis, les deux communautés doivent, en quelque sorte, réajuster, voire, ré-évaluer les préjugés que les uns ont vis-à-vis des autres. Ce processus d'ajustement se fait probablement plus facilement pour les immigrés ayant de véritables contacts avec la communauté noire américaine du côté des Africains. La seconde génération semble mieux armée pour faire la « part des choses ». La perception que ces deux groupes ont l'un de l'autre est assez divergente : les Noirs américains ne voient pas l'Afrique en général à travers les yeux des Africains, mais à travers les stéréotypes véhiculés par les médias et par les doctrines afrocentristes. Les Africains voient les Noirs américains à travers le prisme des médias et d'une certaine culture populaire qui n'exprime qu'une facette souvent déformée de la communauté noire. Certains Noirs américains sont étonnés par la manière dont les Africains les marginalisent. D'autres ayant voyagé en Afrique sont revenus quelque peu déçus : ils s'attendaient à être reçus comme des frères, mais l'accueil qui leur fut réservé les a renvoyés à une réalité avec laquelle certains sont en conflit, celle d'être Américains (sans liens véritables avec l'Afrique).

Les immigrés s'intègrent progressivement dans la nation américaine, mais les immigrés noirs sont ralentis, voire stoppés, dans leur ascension sociale, en raison de la discrimination raciale qui s'opère dans la société américaine. Ces immigrés noirs sont soumis à une double pression : d'une part, ils vivent dans une société où de nombreux stéréotypes négatifs sont véhiculés sur le « Noir » – personnifié par les Africains américains – et, d'autre part, pour faire mentir ces stéréotypes, ils tentent de réussir socialement et de mettre l'accent sur leurs spécificités culturelles afin de se distinguer des Noirs américains. Les stigmates reposant sur ces communautés noires sont tels, qu'à ce jour, il paraît difficile d'envisager avec optimisme leur totale intégration dans la société américaine. En fait, cette particularisation du Noir risque, à l'avenir, de créer de nouvelles lignes de couleur, non plus entre Blancs et Noirs, mais entre Noirs et non-Noirs.

Notes

1. Il s'agit ici de la partie du continent au sud du Sahara.
2. Terme emprunté à John Ogbu.
3. Professional, Managerial, and Technical (PMT) occupation.
4. Arun Peter Lobo, 2001, « U.S. Diversity Visas Are Attracting Africa's Best and Brightest », *Population Today*, Population Reference Bureau, Washington DC, July.
5. « Race in America: Black Like Me », *The Economist*, May 11th-17th, 1996, p. 27.

Références

Alba, Richard, 1990, *Ethnic Identity: The Transformation of White America*, Yale University Press, New Haven.

Africa-America Institute, 2001, *Letter from the President*, New York.

Africana.com, 2000, « Black Labeling: What's in a name? », October.

Baird N'Diaye, D., Belanus, B., 1997, The African Immigrant Folklife Study Project, The Folklife Festival Program Book, Washington DC.

Bryce-Laporte, R. S., 1973, « Black Immigrants », in P. I. Rose, S. Rothman, W. J. Wilson, *Through Different Eyes: Black and White Perspectives on American Race Relations*, Oxford University Press, New York.

Bush, Rod, 1999, *We are not what we seem, black Nationalism and Class Struggle in American Century*, New York University Press, New York.

Clarke, John Henrik, 1999, *My Life in Search of Africa*, Third World Press, Chicago, Il.

Contee, Clarence, 1973, *The Diaspora Syndrome: Two centuries of Afro-American Relations with Africa*, Phelps-Stokes Fund, New York.

Drachler, Jacob (ed.), 1975, *Black homeland/Black Diaspora: Cross-currents of the African Relationships*, Kennikat Press, Port Washington N.Y.

Economist (The) : « Race in America : Black Like Me », May 11th-17th, 1996, P. 27-28.

Fierce, Milfred, 1993, *The Pan-African idea in the United States, 1900-1919: African-American Interest in Africa and Interaction with West Africa*, Garland Pub., New York.

Gans, H. J., 1992, « Second Generation Decline: Scenarios for the Economic and Ethnic Futures of Post-1965 American Immigrants », *Ethnic and Racial Studies*, Vol. 15, n° 2, 1992, P. 173-192.

Gans, H. J., 1979, « Symbolic Ethnicity: The Future of ethnic Groups and Cultures in America », *Ethnic and Racial Studies*, vol. 2, n° 1.

Hooks, Bell, 1994, *Outlaw Culture: Resisting Representations*, Routledge, New York.

Kantrowitz, Nathan, 1973, *Ethnic and racial Segregation in the New York Metropolis: Residential Patterns among white ethnic Groups, Blacks, and Puerto Ricans*, Praeger Publishers, New York.

Lacorne, Denis, 1997, *La crise de l'identité américaine : du melting-pot au multiculturalisme*, Paris, Fayard.

Lieberson, Stanley, 1980, *Piece of the Pie : Blacks and White Immigrants since 1880*, University of California Press, Berkeley.

Marable, Manning, 1995, *Beyond Black and White : Transforming African-American Politics*, Verso, London, New York.

Marable, Manning, 2000, *How Capitalism underdeveloped Black America : Problems in race, political Economy, and Society*, Updated ed. South End Press, Cambridge, Mass.

Ogbu, J., Gibson, M., 1991, *Minority Status and Schooling: A comparative Study of immigrant and involuntary Minorities*, Garland, New York.

Philogène, Gina, 1999, *From Black to African American : A new social Representation*, Praeger, Westport, Conn.

Reid, Ira De Augustine, 1969, *The Negro Immigrant: His Background, Characteristics and Social Adjustment, 1899-1937*, New York, Arno Press and The New York Times.

Sándor, Gabrielle, 1994, « The 'Other ' American » in *American Demographics*, June, p 36-42.

Sowell, Thomas, 1978, *American Ethnic Groups*, Urban Institute, Washington DC.

Steinhorn, L., Diggs-Brown, B, 1999, *By the Color of our Skin: The Illusion of Integration and the Reality of Race*, New York, Dutton.

Ungar, Stanford J., 1995, *Fresh Blood: The New American Immigrants*, New York, Simon & Schuster.

US Census Bureau, 2002, *American Community Survey*, Washington DC.

US Census Bureau, 1999, *Census Bureau Facts for Features*, Washington DC, January.

US Census Bureau, *Current Population Survey*, March 1960 to 2000.

US Census Bureau, 1999, *We, the American Blacks*, Racial and Statistics Branch, Population Division, Washington DC.

US Census Bureau, 1997, *Country of Origin and Year of Entry into the US of foreign born, by citizenship status (March 1997)*, Annual Demographic Survey.

US Immigration and Naturalization Service, 1998, *Statistical Yearbook*.

Waters, Mary C., 1990, *Ethnic Options: Choosing Identities in America*, Berkeley, University of California Press.

Waters, Mary C., 1999, *Black Identities: West Indian Immigrant Dreams and American Realities*, Cambridge, Mass., Harvard University Press.

II

Le panafricanisme à l'épreuve de la démocratisation et de la mondialisation

4

Intellectuels, panafricanisme et démocratie en Afrique : bilan et perspectives

Etanislas Ngodi

Introduction

La thématique des intellectuels en Afrique se révèle passionnante. La faillite des universités africaines, comme lieu de production et de diffusion du savoir est significative de la mise à mort de la science et partant, des sociétés dans leur ensemble. Penser les intellectuels africains suppose donc de les contextualiser et de ne pas négliger les dynamiques sociales et historiques dont ils sont le produit. Profilée sous le masque de l'évolué estampillé, la figure de l'intellectuel africain à travers l'histoire coloniale et post-coloniale reste inoubliable.

Produire un savoir sur les intellectuels, c'est identifier les logiques de l'auto attribution d'un statut ; les situer dans l'ordre du savoir, la logique des institutions, les modalités et ratifications de savoir. La trajectoire du mouvement intellectuel africain dans son évolution et ses dynamiques est porteuse d'indices qui rendent compréhensibles les figures prises par les sociétés postcoloniales africaines. S'il est difficile de suivre les traces des intellectuels dans le champ politique, il est cependant difficile au-delà de la représentation qu'ils ont de leurs peuples.

Dans le cadre des indépendances africaines, les intellectuels ont été appelés à relever les défis du panafricanisme dans le but d'unir les peuples d'Afrique. Mais, au bout de quelques années après la libération du continent, ces derniers devaient affronter les hommes au pouvoir. La dégradation des relations entre l'État et les intellectuels dans plusieurs pays africains devait avoir des conséquences énormes.

La peur de perdre le pouvoir conduisait certains dirigeants à institutionnaliser le parti unique. En effet, les indépendances africaines avaient constitué des failles de ruptures dans la généalogie, laissant ainsi ouverte une immense étendue minée de paradoxes, d'ambiguïtés et de contradictions difficiles à clôturer. Aux intellectuels se posaient des problèmes de positionnement jamais résolus de façon satisfaisante. Ce positionnement se situait au niveau de la société, des pouvoirs politiques et du capital-savoir, support majeur de leur promotion sociale. C'est ainsi que, le non-éclaircissement de ces rapports réduisait les intellectuels au silence complice, soit à la cohabitation complaisante avec les autorités en place du fait qu'ils sont à la quête des postes ministériels ou de gestion, soit qu'ils sont révoltés et cela entraîne brouille et malentendu parmi ceux qui voulaient rester des intellectuels libres avant tout et exercer leur liberté intellectuelle.

Il est tout à fait clair que les changements de contexte, de l'euphorie nationaliste des années 60 aux transitions démocratiques profondément influencées par les contraintes économiques, internes et externes, retentissent sur la production, le statut et le comportement des intellectuels, sur leur poids dans l'élucidation et le devenir des sociétés africaines. Les mutations démocratiques dans les années 90 invitaient à s'interroger sur le rôle des intellectuels. Le multipartisme se présentait comme un nouveau défi pour l'Afrique. Les dictateurs d'hier reconvertis en démocrates étaient loin de réinventer des espaces sociaux démocratiques.

Les changements survenus en Afrique au lendemain de la chute du mur de Berlin ont été profonds et, parfois tragiques. Certains régimes politiques ont explosé et la situation a dégénéré en violents conflits internes. La politisation de la force publique, la confiscation arbitraire de tout l'appareil d'État par la coalition au pouvoir, l'exploitation des entités ethniques, la présence et l'activisme des milices privées, la recrudescence des violations des droits de l'homme allaient verrouiller le processus démocratique en Afrique.

Les intellectuels ont assisté à ce passage des régimes militaires à parti unique à des systèmes politiques multipartites. Il est tout de même curieux de constater que de nombreux intellectuels africains se comportèrent en intolérants, ou en égoïstes politiques.

Avec la redécouverte de la démocratie, une nouvelle occasion s'offre aux intellectuels pour clarifier le débat sur leurs propres identités et statut. Aujourd'hui, dans le cadre du nouveau millénaire, il est urgent de comprendre les défis auxquels les intellectuels africains sont confrontés. Il est question de faire une rétrospective sur les origines, le développement, le déclin et même la renaissance des projets nationalistes et panafricanistes. Il est temps que les Africains prennent en main leur destin. Cela suppose une prise de conscience générale. Le continent africain souffre de plusieurs maux que nous pouvons citer : l'instabilité politique, les coups d'État, les conflits armés, l'exode des compétences…

Notre réflexion ne s'attardera pas à la thématique et aux matériaux sur lesquels s'exerce, se dévoile et se constitue l'intelligentsia africaine. Notre ambition est de rendre compte dans une perspective dynamique de la trajectoire heurtée des intellectuels africains, de leurs prétentions messianiques. La recherche d'une autonomie intellectuelle et institutionnelle semble dessiner une nouvelle figure de l'intelligentsia africaine. La segmentation du champ intellectuel, l'émergence des universitaires permettent de penser que de nouveaux espaces de contestation s'ouvrent pour la promotion démocratique.

Nous comptons articuler cette réflexion en trois temps :

- Dans un premier temps, nous aborderons le rôle des intellectuels africains dans la renaissance africaine. Il s'agira ici de mettre un accent sur le « *siècle du panafricanisme* ».

- Dans un deuxième temps, nous verrons la place des intellectuels africains dans l'évolution de la démocratie en Afrique allant du parti unique au multipartisme.

- Dans un troisième temps enfin, nous nous interrogerons sur les défis que doivent relever les intellectuels africains dans l'émergence d'une culture démocratique en Afrique.

Intellectuels africains et le siècle du panafricanisme

Dans l'histoire du continent noir, le XXe siècle reste le point de départ de la Renaissance africaine. C'est le siècle du panafricanisme. Les intellectuels trouveront dans ce siècle, tous les moments clés de l'histoire africaine : la colonisation, les luttes nationalistes, les deux guerres mondiales, la guerre froide, les indépendances, la création de l'OUA, les régimes militaires à parti unique, les conférences nationales, le multipartisme, les guerres civiles, le projet de la création de l'Union africaine…

Dans le cadre de cette réflexion, nous aborderons les débuts du panafricanisme, les réalisations de la période nationaliste et les différents courants du panafricanisme.

Genèse du panafricanisme

De sa genèse, on dira que le panafricanisme est né sur le continent américain au tournant du XIXe et du XXe siècles. En effet, après la période sombre de la Traite négrière, les Noirs du monde entier, en particulier ceux des Amériques réclament leurs droits.

En réponse au racisme des blancs, les « *Africains - Américains* » de la Diaspora devaient se fondre dans un univers culturel commun, pour vanter les vertus et les couleurs fondamentales de l'Afrique. Ils se donnaient pour mission de réhabiliter les civilisations africaines, de restaurer la dignité de l'Homme noir et de prôner le retour à la « *mère- patrie* ».

C'est ainsi qu'on assiste dès 1900 à une effervescence du nationalisme noir en quête de son passé, de son histoire, de son identité et de sa dignité. Au cours de cette même année, Sylvester William, organise la conférence de West Minster Hall à Londres. La principale résolution de cette conférence portait sur la confiscation de terres en Afrique du Sud par les Anglais et les Afrikaners et sur le sort de la Gold Coast. Les Noirs affirmaient ainsi leurs identités sociales et raciales, tout en condamnant le racisme et le colonialisme.

La réhabilitation de la dignité de l'Homme noir restait le grand combat des intellectuels de la Diaspora. Les éditoriaux de James Weldon Johnson dans *New York Age* eurent un grand impact. Ce dernier appelait à l'autodétermination des Noirs en Afrique et en Amérique.

En 1915, un autre Noir américain, Carter Woodson, participe puissamment à la fondation de l'Association pour l'étude de la vie et de l'histoire des Noirs. Il aide activement les nationalistes africains dans leur recherche d'une identité et de leur dignité. Ainsi lancés, tous les mouvements nationalistes vivent du mythe d'un passé glorieux. Historien de formation, Woodson va consacrer son temps à étudier le rôle des Noirs dans l'histoire de l'humanité et à nourrir l'âme noire de son historicité.

À partir de 1916, William Burghart Du Bois, fondateur de l'Association américaine pour le progrès des gens de couleur, se présente sur la scène comme le « *Père du panafricanisme* », pour avoir lancé le concept de « personnalité *africaine* ». Il est rejoint par d'autres intellectuels comme Marcus Garvey, George Padmore …

En 1919, le 1er Congrès panafricain tenu à Paris revendique l'adoption d'un «code *de protection internationale des indigènes d'Afrique*», avec le droit à la terre, à l'éducation et au travail.

En 1927, se tient le 4e Congrès à New York. Marcus Garvey, adepte d'un « *sionisme noir* » mobilise des milliers d'Afro-américains. Garvey se prenait comme le « *Moïse de la race noire* ». Sa doctrine, vue comme une dynamique philosophie-politique influa sur le nationalisme africain. Les Historiens retiendront de lui : son courage, sa sympathie pour la race noire, et ses écrits. « Travaillons pour l'unique but glorieux : une nation libre, délivrée et puissante. Que l'Afrique devienne une étoile brillante dans la constellation des Nations ». écrivait-il (Padmore 1960).

Au Congrès de Manchester en 1945, George Padmore fit adopter un manifeste proclamant fièrement : « Nous sommes résolus à être libres. Peuples colonisés et assujettis du monde, unissez-vous ». Dans le communiqué final de ce Congrès, on pouvait lire : « Si le monde occidental est encore déterminé à gouverner l'humanité par la force, alors les Africains pourraient en dernier ressort être obligés de faire appel à la force. Nous exigeons pour l'Afrique noire l'autonomie et l'indépendance ».

L'année 1958 est une date mémorable pour l'histoire du panafricanisme du fait des conférences panafricaines organisées à Accra en avril et décembre de cette année.

* La première (avril 1958) a réuni les huit États indépendants que comptait l'Afrique à cette date : Maroc, Tunisie, Libye, Égypte, Liberia, Éthiopie, Soudan, et Ghana. Elle adopta les résolutions suivantes : la réaffirmation par les Africains de leur attachement aux principes des Nations Unies et celles de Bandoeng ; la fixation d'une date butoir pour l'accession à l'indépendance des peuples encore colonisés ; la condamnation du racisme sous toutes ses formes et le lancement du slogan « l'Afrique aux Africains ».

* La deuxième (décembre 1958) quant à elle a réuni près de 250 délégués et plusieurs centaines d'observateurs représentant les gouvernements, partis politiques et mouvements d'étudiants. L'objectif de cette conférence était de mettre au point des stratégies d'une «révolution *non violente* » de l'Afrique contre le racisme, le colonialisme, le tribalisme et le séparatisme religieux. Elle exigea la création future des « *États unis d'Afrique* » et le respect strict du droit des peuples à disposer d'eux-mêmes.

Né en Amérique, le panafricanisme est revenu en Afrique chercher ses sources d'inspiration et ses lettres de noblesse. C'est donc de la volonté de l'élite intellectuelle noire, rabaissée par les Blancs, de propager son ressentiment à travers le continent noir et de l'appeler à la lutte de libération qu'est né le panafricanisme.

L'anthropologue et sociologue américain Saint Clair Drake définit le panafricanisme du temps de Du Bois et de Garvey, comme étant une activité indépendante de la part des Noirs américains visant à établir, partout dans le monde, avec les Africains et les personnes d'ascendance africaine, des relations dans le but de développer les échanges entre les groupes de Noirs dispersés, la coopération dans la lutte contre la discrimination et la protestation contre l'abaissement de la race noire.

Dans son ouvrage « Panafricanisme ou Communisme », George Padmore définit l'idéal politique du panafricanisme en ces termes : « Le Panafricanisme vise à réaliser un gouvernement des Africains, par les Africains et pour les Africains tout en respectant les minorités raciales et religieuses qui veulent vivre en Afrique avec la majorité noire » (Padmore 1960).

À travers le Panafricanisme, les intellectuels africains de la Diaspora entendaient réaliser les objectifs suivants : promouvoir le bien-être et l'unité des peuples africains et des peuples d'ascendance africaine du monde entier ; assurer l'égalité des droits civiques aux peuples africains ; assurer l'abolition totale de toute forme de discrimination raciale ; et exiger l'auto détermination et l'indépendance des peuples africains.

Le panafricanisme constitue donc une réaction de solidarité des Noirs face à la position subalterne qui leur était faite dans la société et à l'accusation gratuite de l'infériorité de la race noire, dépourvue d'Histoire et privée de Culture. Il reste un mouvement dont l'idéal était de regrouper, de rendre solidaire les peuples africains et de les amener à se libérer du joug colonial.

Avec l'émergence de l'Afrique qui, vers le milieu du XXe siècle, passa du colonialisme imposé sur la quasi-totalité de son territoire à l'indépendance, les idéaux du panafricanisme exercèrent un violent impact sur le monde. Dans le sillage immédiat des indépendances, les intellectuels africains se sont servis du panafricanisme pour bien mener les luttes nationalistes sur le continent noir.

Les intellectuels africains et les luttes nationalistes

Les intellectuels africains ont affûté leurs premières armes dans les luttes nationalistes. C'est ainsi qu'entre 1920 et 1950, plusieurs intellectuels firent leur entrée sur la scène littéraire, constituant de ce fait une véritable source d'influence pour les nationalistes africains. On citera ici : René Maran, Claude McKay, Léon Damas, Aimé Césaire, Richard Wright, Cheikh Anta Diop, Théodore Monod, …

L'Afrique dans sa quête patiente et soutenue de sa liberté avait besoin de l'indépendance. Plusieurs intellectuels furent choisis par leurs peuples, soit en raison de leur personnalité charismatique, soit à cause des idées, des programmes et promesses qu'ils incarnaient. Le flambeau du panafricanisme militant sera incarné par des leaders comme : Jomo Kenyatta (Kenya), Julius Nyerere (Tanzanie), Namdi Azikwe (Nigeria), Kenneth Kaunda (Zambie), Kwame Nkrumah (Gold Coast), Habib Bourguiba (Tunisie), Abdel Gamal Nasser (Égypte), Félix Houphouët-Boigny (Côte-d'Ivoire), Modibo Keita (Mali), Ahmadou Ahidjo (Cameroun), Léon Mba (Gabon), Sékou Touré (Guinée), Léopold Sédar Senghor (Sénégal)…

La nature du panafricanisme

La division du monde en deux blocs antagonistes a aussi eu des impacts sur le continent noir. Elle créa d'un côté l'Afrique des progressistes, proche du bloc socialiste et l'Afrique des modérés, alliée de l'Occident. Cette division devait également mettre en place plusieurs mouvements panafricanistes. Au-delà des frontières africaines, les courants identiques se soutiennent mutuellement dans les différents groupes, créant un panafricanisme à contenu de classe déterminé. En effet, l'enjeu de la décolonisation et de la guerre froide a donné naissance à deux courants de panafricanisme : le panafricanisme «maximaliste » et le panafricanisme «minimaliste ».

Le Panafricanisme maximaliste

Ce panafricanisme est encore appelé «panafricanisme *révolutionnaire* ». Il avait un caractère révolutionnaire dans la mesure où il visait à briser les chaînes coloniales et à mettre fin à la domination politique directe de l'Occident sur l'Afrique. Il était pour la recomposition de la géopolitique instaurée par la conférence de Berlin (novembre 1884 février 1885), ayant officialisé la balkanisation du continent en une mosaïque de zones d'influence européenne.

Ce panafricanisme avait trouvé ses principaux idéologues en Du Bois, Padmore, Nkrumah, Sékou Touré. Son but ultime était la fondation des États-Unis d'Afrique qui feraient du continent noir un acteur de la scène mondiale. Ce panafricanisme rêvait d'une Afrique politiquement unie et indépendante : l'unité politique, économique et militaire. D'où le mot d'ordre de Nkrumah (1994) : « L'Afrique doit s'unir ».

L'idéologie que Nkrumah a tentée d'appliquer sur le continent africain est encore au goût du jour en ce XXIᵉ siècle, où on parle de plus en plus d'intégration au niveau mondial. Nkrumah fascine les peuples africains et les progressistes du monde. Il incarne ce grand mouvement de libération et d'unité sans lequel l'Afrique risque de rester en marge de l'histoire moderne. Son nom est synonyme de l'indépendance dans l'unité. L'ultime but de la stratégie de Nkrumah est la fondation des États unis d'Afrique, susceptibles de faire du continent noir un acteur de la scène mondiale. Pour lui, le nationalisme africain ne pouvait se limiter au Ghana indépendant depuis le 6 mars 1957. Il devait être un nationalisme panafricain et l'idéologie d'une conscience politique parmi les Africains ainsi que leur émancipation devaient se répandre partout sur le continent noir. Un Homme, un rêve, un destin qui se veut au service de l'Afrique et du monde noir ; mais aussi une tragédie et source d'inspiration. C'est un «prophète qui laisse une empreinte durable sur son époque » (Davidson Basil 1974).

Une Afrique sans frontière, unifiée en une seule entité politique et économique, était le rêve du panafricanisme dont Nkrumah fut un militant acharné. Fervent panafricaniste, Nkrumah reste immortel dans la mémoire africaine. Nkrumah était convaincu que sans les bases nationales fortes, le panafricanisme ne serait jamais un objectif viable, compte tenu de la nature très hétérogène des problèmes politiques qui secouaient le continent noir au sortir d'une longue période des ténèbres de l'esclavage et de la colonisation. Il fallait restaurer la dignité de l'homme noir, afin qu'il contribue prodigieusement à l'histoire et à la civilisation universelle.

Mis à part Nkrumah pour qui l'État Nation n'était qu'une étape nécessaire pour réaliser l'unification du continent, la plupart des nations africaines constituées ont sombré sinon dans l'« autocratisme » des partis uniques ou dans les régimes de dictature militaire (Conac 1993).

Ce courant incarné par le groupe de Casablanca fondé en 1961 et regroupant le Ghana, l'Égypte, le Maroc, la Tunisie, l'Éthiopie, la Libye, le Soudan, la Guinée

Conakry, le Mali et le GPRA, militait pour un continent profondément uni ; doté d'un gouvernement unique.

Mais, un tel projet ne pouvait réussir du fait du poids des puissances coloniales qui détenaient encore une capacité de pénétration forte pour sauvegarder leurs intérêts vitaux (ressources minières, clientélisme, réseaux de communication) et de l'influence de la guerre froide, car Washington souhaitait ainsi stopper l'expansion du communisme en Afrique et dans le monde.

Les intellectuels du groupe de Casablanca étaient pour une libération totale du continent. Ils avaient comme devoir de soutenir les peuples africains dans leur lutte nationale contre toutes les humiliations, discriminations et oppressions. Aucun prétexte ne pouvait être invoqué pour ne pas soutenir les luttes nationales contre la domination esclavagiste, coloniale et néocoloniale. On peut citer ici Patrice Lumumba, Modibo Keita, Sékou Touré, Amilcar Cabral, Gamal Abdel Nasser.

Lumumba est entré dans l'histoire de l'Afrique comme un héros contemporain. En mobilisant son peuple pour la lutte décisive contre les forces colonialistes, il se place à la pointe de la bataille pour l'indépendance nationale, la liberté et un avenir meilleur des peuples africains. Sa figure demeure une source vive d'inspiration politique. L'homme dérange et questionne le colonisateur. On dit même que : « Nkrumah est le Mussolini d'Afrique et Lumumba son petit Hitler » (Ludo De Witte 2000:57).

Les Occidentaux ont fait de lui, un « dictateur paranoïaque », « Communiste », « Premier ministre fou furieux », « nègre à la barbe de chèvre »… C'est « l'homme du colonialisme communiste et de l'impérialisme marxiste-léniniste » (Monheim 1962:154).

Pierre Houart estime que « Lumumba est apparu aux yeux de ses adversaires comme le champion du communisme, l'exécuteur pour l'Afrique du vaste complot marxiste, mais glorifié en tant que Révolutionnaire authentique par ses partisans » (Houart 1961).

Dans ce même contexte, on trouve Modibo Keita, qui survient sur la scène africaine comme un militant panafricaniste, pionnier du nationalisme africain. Figure de proue de l'Afrique des années 60, Modibo Keita a imprégné de façon indélébile la mentalité collective de ses compatriotes. Il apparaît comme l'incarnation de la dignité et de la fierté africaine. Il incarnait ce panafricanisme basé sur le marxisme léninisme, anti-impérialiste et socialiste. La Fédération du Mali dont il rêvait ne fut qu'éphémère.

Le Panafricanisme minimaliste

Ce panafricanisme était encore appelé « panafricanisme *réactionnaire* ». Il avait une inspiration coloniale. Sa stratégie était fondée sur le droit inaliénable de chaque État à une existence indépendante. Son mot d'ordre est : « l'intangibilité des frontières héritées de la colonisation », son principe est le respect de la souveraineté et la non-ingérence dans les affaires intérieures des États.

Ce panafricanisme était incarné par le groupe de Monrovia, dominé par les présidents ivoirien Houphouët-Boigny, sénégalais Léopold Sédar Senghor et congolais l'abbé Fulbert Youlou. À ceux-ci s'ajoutent Diori Hamani (Nigeria), Dacko (RCA)…

L'abbé Fulbert Youlou a été un représentant typique de ce panafricanisme réactionnaire. Il estimait que « Nkrumah est complice africain de Mao » (Youlou 1966:210).

Ce courant avait préféré maintenir les frontières et les souverainetés nationales. Respect des frontières héritées de la colonisation, fédérations continentales sans pouvoir exécutif, développement économique separé…

L'occasion historique de poser l'idéal de l'unité africaine se présenta à la conférence d'Addis Abeba de 1963, au cours de laquelle l'Organisation de l'unité africaine fut créée en tant qu'organisation de coopération inter-étatique, consacrant en même temps des structures suivant le modèle clos de la souveraineté nationale absolue de l'Europe du XIXe siècle, l'échec du panafricanisme et d'une organisation politique africaine originale. La création de l'OUA fermait la page d'un siècle de panafricanisme.

Les intellectuels et la démocratie en Afrique

Il est impossible d'étudier les démocraties africaines sans les placer dans le contexte international qui interfère directement sur les jeux politiques nationaux dans les différents pays. Il faut voir le dynamisme et l'activisme de l'Occident dans les pays africains.

La question de l'instauration de la démocratie en Afrique a fait et continue de faire l'objet de nombreux travaux, de débats intenses et de nombreuses polémiques. Elle suscite une production dense de textes de tous genres. D'innombrables textes sont écrits sur la démocratie en Afrique : (Buijtenhuijs Rob et Thiriot 1995, Jaffrelot 2000, Ake 1995, Bayart 1989, Daloz et Quantin 1997, Ostrogorski 1971)… Certains auteurs estiment que l'Afrique n'est pas mûre pour la démocratie qui est perçue comme un facteur d'exacerbation de conflits. D'autres prophétisent sur l'avenir des processus en cours. Ces observations permettent de voir que les critères de la démocratie varient selon les peuples, l'évolution historique, les circonstances objectives.

Il est aisé d'observer que même en Occident, ce concept n'est pas facile à mettre rigoureusement en pratique. C'est un exercice exigeant. L'instabilité politique qui sévit dans plusieurs États africains et la crise économique qui s'amplifie constituent les défis que les intellectuels doivent relever. Il faut arrêter la dérive des sociétés africaines sur le double plan politique et économique caractérisé par une instabilité compromettante pour le développement du continent noir.

La violence politique en Afrique est loin de disparaître, car l'émergence des phénomènes comme la désintégration et l'atomisation de certains États (Liberia-RDC- Sierra Leone), les graves turbulences vécues par d'autres (RCA, Tchad, Algérie, Côte d'Ivoire) ou encore l'autocratisme et l'ostracisme excessifs de certains dictateurs (Togo, Gabon, Cameroun, Ouganda, Congo Brazzaville, Nigeria, Guinée Équatoriale, Rwanda, Guinée) se font sentir de plus en plus.

Nous avons choisi en abordant cette question complexe de la «démocratie en Afrique », de dégager le rôle et la place des intellectuels africains dans l'évolution de la démocratie en Afrique, allant du totalitarisme à la libéralisation politique en passant par le multipartisme et les transitions politiques ambiguës. Ce rôle, les intellectuels ne le perçoivent pas assez ou feignent de l'ignorer. Les dictateurs africains qui ont pris partout les masques de la démocratie étaient confrontés aux intellectuels. Nous reviendrons sur le parti unique et le multipartisme.

L'Afrique des coups d'État et partis uniques

Déjà après les indépendances (années 60), les dirigeants africains de l'époque essaient de conduire la politique de leurs États à l'image de celle de leurs ex-colonies. Des partis de gauche et de droite se fondent sur le continent. Alors que le colonisateur venait à peine de tourner le dos, les pères de l'indépendance s'empressèrent pour la plupart de s'installer dans le fauteuil présidentiel. Ils n'hésitèrent pas à verrouiller les mécanismes par lesquels ils étaient parvenus au sommet de l'État. Noyés dans l'euphorie et les plaisirs des premiers délices du pouvoir, certains parmi eux étaient animés par le désir de rompre les liens avec les colonisateurs. D'autres par contre souhaitaient garder des contacts avec la métropole. Cette attitude indépendantiste générale des nationalistes africains peut être interprétée comme la réaction extrême à la politique des puissances coloniales d'alors qui visaient alors à former des sortes de fédération avec leurs colonies. L'idée d'Eurafrique consistait pour la plupart des dirigeants africains en une nouvelle tentative des puissances coloniales de contenir la vague du nationalisme et le désir d'indépendance.

Loin de fortifier les jeunes nations, les «pères de l'indépendance » refusaient de renoncer au pouvoir et recouraient à l'armée pour consolider leurs positions, suscitant des amertumes et des frustrations à tous les niveaux de l'appareil d'État. Les secousses provoquées par l'ethnicisme et le tribalisme les empêchent de s'affirmer. L'armée constituait le grand obstacle pour la démocratie ; « Armée : assassin de la démocratie » (*Génération Yaoundé* n° 71, 1996).

La complicité entre le politique et l'armée était grande. L'esprit du clan et de la caste dominait ces relations. Il émergeait ainsi une armée de baron au cœur des différents régimes. Mais, l'exclusion et la discrimination de nombreux soldats devaient dégénérer de défi politique, mettant en danger la survie des régimes et la stabilisation de la société tout entière. (Bangoura 1992). Le mécontentement des soldats et autres officiers justifiait l'intrusion des militaires sur la scène politique. Prétextant que les Civils avaient recours aux pots-de-vin et à la corruption, l'armée s'était emparée du pouvoir dans 27 pays africains. Débutent alors les conflits au sein de la classe dirigeante, favorisant la multiplication des coups d'État militaires. Au Togo, le président Sylvanus Olympio est évincé du pouvoir par les militaires en 1963. Il en est de même pour le président Fulbert Youlou, que les militaires ont forcé de démissionner le 15 août 1963 (Bouthey 1990).

Dans les décennies 60 et 70, plusieurs pays africains sont secoués par des coups d'État qui portent les militaires au pouvoir, et la dictature s'est installée avec eux. Avec cette race de présidents militaires, le continent noir connaît la dictature, la gabegie, le marasme économique, les assassinats…

L'arrivée des militaires au pouvoir donne un nouveau visage à la politique africaine. Leur inexpérience politique et leur incompétence dans la gestion de l'État entraînent la désinvolture, la cruauté et un penchant pour la corruption. Dès lors, le pluralisme politique qui a prévalu à la veille de l'indépendance devait disparaître. Plusieurs pays optèrent pour des régimes autoritaires comme mode de gouvernement. Il faut dissoudre tous les partis et associations politiques et les regrouper en un seul pour éviter les antagonismes tribaux. Le parti unique apparaît comme le meilleur moyen de garantir l'unité nationale et l'indépendance, tout en étant le plus solide vecteur du développement économique. Le totalitarisme politique se légitime largement par la volonté de parachever l'intégration nationale et de rassembler les énergies pour la réalisation du développement économique et social. Le monopartisme constituait le dénominateur commun des systèmes à parti unique (Diop 1992).

Le parti unique n'était pas mieux adapté aux exigences de la démocratie. Il n'a pas su résoudre les problèmes complexes posés par l'émergence d'États totalement démunis, avec une population hétérogène. La crise de la démocratie était perçue comme une crise de l'économie dans laquelle le sous-développement et la dépendance jouent un rôle déterminant ; et les concepts, idéologies, institutions et techniques politiques apparaissent comme étant inadéquats et inadaptés au contexte socioculturel et politique africain. Dans presque tous les pays, un nouvel esprit est né qui sape impitoyablement le patriotisme africain. Le règne des militaires a fait connaître des notions comme la corruption, l'enrichissement illicite, l'incivisme, le tribalisme.

Avec l'Afrique des coups d'État, le continent noir fabrique ses propres monstres politiques tels Mobutu au Zaïre, Bokassa en Centrafrique, Amin Dada et Musoveni en Ouganda, Marien Ngouabi au Congo, Eyadema au Togo, Biya au Cameroun, Hissène Habré au Tchad… Ces derniers institutionnalisent l'absence de débats d'idées, de liberté d'expression, la désinformation avec la censure. Il s'ensuit des arrestations arbitraires, conflits tribaux, gabegie. Ces dirigeants se caractérisent par le burlesque politique et une dictature sanguinaire. Habitués à faire marcher leurs troupes à la baguette, et confondant le pays avec une «vaste *caserne* », les Hommes en Kaki ne tardèrent pas à se heurter aux intellectuels, écartés de force de la lutte politique et réduits au silence, à la clandestinité ou à l'exil.

La dégradation des relations entre les Hommes au pouvoir et les intellectuels, et la cristallisation des problèmes politiques, économiques et sociaux renforcent la crise entre les États africains et l'intelligentsia. Dans plusieurs pays, les intellectuels ont en effet participé aux luttes contre l'autoritarisme, le déclin de la vie nationale et sociale et pour l'ouverture de l'espace démocratique. La démocratie par le parti unique se légitimait par une longue logique scientifique. « Seul le parti unique d'avant garde peut conduire vers le bonheur les masses populaires. Le parti unique prime toutes les institutions » (Gonidec 1974).

L'État devient ainsi une réalité incontournable. L'histoire réussit à dominer la société. Il s'impose comme le seul instrument institutionnel de progrès, le lieu décisif de construction d'une Nation. En dévoilant leur identité dans l'État et par l'État, les intellectuels développaient une conception instrumentale de la société, niant la pluralité de ses manifestations (Diouf 1993:42).

Pour parer contre toutes éventualités, les Hommes au pouvoir devaient d'abord frapper sur les universitaires afin de les contraindre à se mettre à leur service. Les universités, contrôlées par l'État allaient se détourner de leur mission de production d'intellectuels. D'où le triomphe de l'idéologie de la sécurité politique, la paupérisation, la clochardisation et le déclassement social.

La réduction de l'activité intellectuelle à la seule prise de parole politique permit ainsi à la nouvelle classe dirigeante de délimiter en un «ghetto *surprotégé* » les intellectuels (enseignants, chercheurs, universitaires…) censés animés la dissidence. De même, l'évolution historique de l'État et la domination du pouvoir politique sur les intellectuels définissaient la formule suivante : « Réfléchissez mondialement et agissez nationalement ». Le combat des intellectuels ne pouvait pas se limiter qu'au niveau des revendications matérielles : bourses, salaires, aides et subventions et conditions de travail.

Dans beaucoup de pays, les campus universitaires ont été la scène d'affrontements entre les étudiants et l'armée ou la police. L'intervention des militaires sur les campus de Lubumbashi (Zaïre 1990), Yopougon (Côte d'Ivoire 1991), la présence massive des universitaires dans les gouvernements, les palais présidentiels et les partis politiques sont des indices qui traduisent la violation des libertés académiques. Ces interventions musclées de l'armée témoignent l'investissement des intellectuels africains dans la lutte pour la démocratie. Ces pratiques belliqueuses et d'une violence inouïe des pouvoirs publics face à la contestation des intellectuels s'inscrivent dans l'actualité des processus de réfection de la démocratie dans les pays africains.

La crise des années 70 et les mutations économiques qu'elle inaugure fait basculer les États africains. L'adoption des Programmes d'ajustement structurels imposés par la Banque mondiale et le FMI dans les années 80 vont endurcir les discours des dictateurs africains. Ces programmes frappaient énormément les universités africaines qui se voyaient obligées de réduire le personnel, les subventions. Les budgets des universités ont stagné et connu une chute vertigineuse, rendant ces institutions l'ombre d'elles-mêmes. La Banque mondiale estimait que l'Afrique n'avait pas besoin d'universités et qu'elle devait les fermer et faire former du personnel à l'étranger ou le faire venir de l'étranger.

La cohésion intellectuelle porteuse de la modernité se fissure sous les effets de la crise et des cures d'amaigrissement de l'État et des finances publiques. Le diplôme n'ouvre plus l'accès à des fonctions de commandement, d'où de prestige. La théocratisation de la gestion gouvernementale consacre l'obsolescence du regard intellectuel nationaliste, porteur d'un projet politique. La politique devient une affaire de professionnels. La pièce maîtresse de la mobilité sociale n'est plus l'instruction ou le diplôme, mais la carte du parti. L'État en tant qu'institution est discrédité. Il contrôle 80 à 90% de l'économie et régule le mouvement des personnes et des idées. L'objectif visé est de permettre aux intellectuels d'envisager la démocratie non comme une question politique, mais comme une question technique.

Cette situation ne permettait pas aux intellectuels de s'atteler confortablement à la lutte pour une démocratie pluraliste. Elle laisse apparaître une tendance à la généralisation des décompositions autoritaires, rendant complexes les arènes politiques. Cependant, cette situation eut deux conséquences majeures : la fuite des cerveaux, et la subordination des intellectuels à la cause des intérêts de la classe politique.

⇨ *La Fuite des cerveaux*

Le phénomène de l'exode des compétences africaines vers le Nord fait aujourd'hui l'objet de conférences, de séminaires, et de publications. Cette question est donc d'actualité en Afrique.

Durant la période qui nous concerne (l'Afrique des Partis uniques), les dirigeants africains estimaient que le «pouvoir *est au bout du fusil* », raison pour laquelle, partout l'on apprivoisait jalousement les cerveaux pour une dissémination locale du savoir.

Pour éviter toute nuisance de la part des intellectuels, les despotes africains poussaient au-delà des frontières de leurs pays quiconque n'acceptait pas de danser à leur rythme. Ce qui engendrait la fuite des cerveaux vers le Nord.

Le facteur politique a été déterminant dans le phénomène de la fuite des cerveaux. Le comportement dictatorial de certains gouvernements africains et la montée d'une culture du favoritisme devaient se manifester par les persécutions, poursuites et condamnations politiques des intellectuels, l'absence de liberté d'opinion, de pensée. Il y a ici l'impossibilité de vivre dans son pays selon ses idées et ses opinions (Wongibe 2000).

La hargne des pouvoirs à traquer les subversifs et mettre hors d'état de nuire tout intellectuel non conformiste semble encourager l'exode des compétences africaines. C'est ainsi qu'au Nigeria comme partout ailleurs, la misère économique n'était pas la seule cause du *brain drain*. La politique des passe-droits, la répression de l'initiative et de la créativité, la négation symbolique du mérite et de la compétence ont fini par frustrer nombre de cadres. Plusieurs intellectuels durent prendre le chemin de l'exil pour échapper à l'implacable diète qui apparaît comme l'arme secrète de tout intellectuel dissident.

Au Cameroun, Ahmadou Ahidjo est passé dans l'histoire post-coloniale comme un dictateur qui n'a jamais hésité à fabriquer des procès contre les intellectuels. Avec son successeur Paul Biya, l'exclusion et la répression vis-à-vis des intellectuels ne cessaient d'envoyer plusieurs cadres en exil. C'est le cas de Mongo Beti, Achille Mbembe, et tant d'autres.

Ce phénomène avait fait tâche d'huile dans la plupart des pays africains au Sud du Sahara. L'ingérence politique dans les travaux universitaires, les politiques nationales déficientes, l'inertie bureaucratique et le non-respect de l'indépendance des enseignants–chercheurs, l'absence de sécurité individuelle et collective, l'ignorance des principes liés à la légitimation démocratique du pouvoir et à l'organisation plurielle des sociétés africaines encourageaient cette fuite des cerveaux (Guadilla 1996).

À côté de ce facteur, on peut ajouter les raisons économiques (recherche d'une rémunération susceptible d'assurer le bien-être, des conditions de vie et de travail favorables). De la Somalie au Soudan, du Rwanda au Burundi, de l'Ouganda en Algérie, il y a eu une multitude de situations qui ont obligé les cadres et diplômés africains à abandonner leurs meilleurs pays pour d'autres patries d'adoption, ainsi que le fait le troupeau à la recherche d'espaces où l'herbe est plus grasse.

La fuite des cerveaux traduisait le désintérêt des intellectuels quant au devenir de leurs nations. Le combat pour la démocratie apparaissait dans ces conditions très complexes.

⇨   *Les intellectuels et les intérêts de la classe politique*

Déconnectés de la société aussi bien au niveau du langage, de la pratique politique que du mode de vie, les intellectuels offraient au pouvoir politique la possibilité de ne pas s'occuper de la mise en place d'une censure codifiée et systématique. C'est ainsi que l'université ne fonctionna plus comme lieu d'une autonomie intellectuelle. La fonction universitaire va précipiter les enseignants et chercheurs vers des stratégies individuelles d'ascension sociale et d'accumulation financière au service de la bureaucratie ou du secteur public (ou bien privé?).

Pour échapper à la clochardisation que cherchait à imposer des régimes clientélistes et prébendiers, les intellectuels qui refusaient l'exil devaient abandonner les salles de classe pour la politique en militant dans les partis d'opposition. Leur ambition affirmée : montrer que le continent peut se développer, se gouverner et changer les mœurs politiques. La confrontation entre le terroir et le territoire national amène une partie de l'intelligentsia africaine à un repli corporatiste. On peut interpréter ce repli de l'État corporatiste de plusieurs manières. Avec le « déshabillage » de l'État, les intellectuels perdaient leur place privilégiée dans le système socio-économique.

L'informel et la technologie se partagent le champ du discours et de la pratique politique et économique. La notion de réseau intellectuel et de recherche se généralise, et achève de banaliser l'intelligence africaine.

Au Zaïre, Mobutu se devait de nommer les intellectuels de son pays au comité central du Mouvement national de la révolution, parti unique. Ceux-ci devaient prêter serment devant «l'Homme léopard ». On pouvait deviner la suite de l'histoire. La dictature de Mobutu a été cautionnée par les intellectuels zaïrois. Mobutu avait très tôt inauguré un courant qui va se développer ailleurs, un peu partout en Afrique, obligeant l'intelligentsia locale à se déterminer vis-à-vis du parti unique. En contraignant la plupart des cadres les plus brillants à faire place nette, Mobutu va alors s'entourer des diplômés les plus opportunistes qui sauront gré au pouvoir. Il leur confie des postes de responsabilité dans les hautes sphères de l'État (conseillers, ministres, ambassadeurs, gouverneurs, parlementaires…).

Du fait de la paralysie organisée dans les universités africaines, leur démantèlement et la détérioration constante des conditions de travail, l'intelligentsia africaine était en passe de servir les intérêts de la classe dirigeante. Ce qui révèle donc la responsabilité des académiciens dans la violation des libertés académiques et le renforcement de certains abus, appuyés en cela par les intellectuels. Partout, on y trouve des «gouvernements *de professeurs* ». Cette défaite idéologique des intellectuels africains à la solde des hommes au pouvoir apparaît comme une stratégie d'insertion professionnelle, mode particulier d'accumulation des capitaux économiques et donc de réhabilitation, de revalorisation et de reclassement. Le vécu de l'exclusion par les intellectuels les poussait à s'engager dans les luttes de réhabilitation matérielle et symbolique et faire la «politique *du ventre* » (Bayart 1989).

Démocratie et multipartisme

Il se trouve qu'aujourd'hui les intellectuels africains et les leaders politiques sont partagés entre les racines du continent dont ils ne parviennent pas à se débarrasser et le monde moderne à l'intérieur duquel ils n'arrivent pas à s'adapter vraiment. En effet, l'égoïsme, l'individualisme, la recherche effrénée du profit, la banalisation des liens familiaux, la marginalisation des faibles sont difficilement assimilables pour quelqu'un qui est élevé dans un esprit communautaire.

Pour arriver au multipartisme en Afrique, il a fallu attendre que le vent de la perestroïka souffle en Europe de l'Est et la chute du mur de Berlin pour vivre, contre toute attente, un renouveau démocratique en Afrique.

À l'orée de la décennie 90, quand, à la Baule, François Mitterrand demande aux Chefs d'État africains d'ouvrir leurs pays au multipartisme pour une véritable démocratie, personne ne pouvait imaginer les malheurs que devait apporter ce changement tant souhaité par les peuples africains (Blanchet 1990:82-83).

Comparé à un séisme par certains spécialistes, l'effondrement du communisme et le changement brutal des rapports de force ont précipité le monde dans une grave crise à la fin des années 90. La conférence de la Baule fut un coup d'accélérateur aux situations sociales et économiques que connaissaient les pays africains depuis la décolonisation et les indépendances : des liens privilégiés avec la France ; les régimes à parti unique en charge de la construction de l'unité nationale et du développement économique ; les théories marxistes ou la théologie de la libération à l'œuvre parmi les jeunesses urbaines ; les régimes économiques placés dans les années 80 sous le contrôle du FMI et de la Banque mondiale.

La fin de la guerre froide correspondait de fait à la rupture du paradigme principal est- ouest. Cette rupture a conduit l'Afrique à une périlleuse perte de repères, génératrice de flottements. Certains auteurs n'hésitent pas à parler de «chaos » dans les relations internationales (Ramonet 1999).

Il a semblé à nombre d'États que les perspectives de la démocratisation énoncées par Mitterrand à la Baule sonnaient l'ouverture de la «boite *de Pandore* » et l'hallali des revendications sociopolitiques. L'accès immédiat à la démocratie pluraliste cristallisa toutes les revendications sociopolitiques dans l'espace africain. Cet engouement démocratique avait pour toile de fond une crise multidimensionnelle. La crise économique persiste dans le contexte politique caractérisé par la virulence des oppositions politiques et les frustrations des élites militaires dépossédées de leur pouvoir. L'aide économique étant subordonnée à l'acceptation du multipartisme et devant la colère et la paupérisation des peuples, les dictateurs africains ne peuvent plus utiliser la force pour contenir d'éventuelles révoltes. Il faut dialoguer avec les syndicats, l'armée et le peuple profond.

Le début des années 90 a correspondu à un revirement radical du discours idéologique sur la politique africaine. Ce revirement marque concomitamment l'émergence du pluralisme politique légal, avec la reconnaissance du multipartisme qui rima avec le développement. Pour Diouf (1992), « l'Afrique des années quatre vingt et du début des années quatre vingt dix est devenue une zone de tempêtes, à cause de l'échec général des systèmes politiques et configurations économiques issues des indépendances ». Commence alors sur le continent une série de conférences dites nationales. Ces conférences vont résulter d'un processus de maturation des consciences populaires, dans lequel les Africains ont ressenti la nécessité de créer des espaces de prises de parole et de défoulement, pour frayer le passage à la société pluraliste. Les conférences nationales, qui ont varié d'un pays à un autre se prêtent à un essai de typologie comme le remarque Eboussi Boulaga (1993).

En dépit des espoirs légitimes pour les masses et de la charge émotionnelle qu'elles ont véhiculée, les conférences nationales ont davantage contribué à installer les populations africaines dans un désenchantement général. Elles ont abouti au total aux crises des États caractérisés par l'affaiblissement, sinon à l'effondrement des États (Zartman 1995).

Malgré la naissance du multipartisme et de la démocratie pendant les transitions, les dirigeants politiques ayant perdu le pouvoir ont du mal à se départir de leurs habitudes héritées du monopartisme. Des querelles intestines ayant pour fondement les antagonismes ethniques et tribaux se remarquent en Afrique. Les transitions démocratiques africaines offrent plusieurs cas de figures : « les cas de non-transition, les transitions sans alternance, la restauration autoritaire, le retour des anciens dictateurs, les transitions achevées dans l'attente d'une consolidation, les fragiles consolidations » (Quantin 2000:489).

Le multipartisme en Afrique n'a pas apporté les changements tant attendus par tous : fuite des cerveaux, arrestations dans les milieux universitaires, prolifération des situations conflictuelles, privatisation des connaissances intellectuelles et des institutions académiques, perte de professionnalisme, violence sur les campus, commercialisation des droits universitaires, complicité des intellectuels dans certaines crises, participation des intellectuels au verrouillage démocratique dans plusieurs pays sont toujours de rigueur. Des intellectuels africains ont coopéré et continuent de servir des régimes autoritaires pour satisfaire des intérêts égoïstes de survie matérielle et financière, contribuant ainsi à l'avènement ou à la consolidation de l'autoritarisme en place et lieu de la démocratie. Certains chercheurs comme Jibrin Ibrahim estiment pour le cas du Nigeria que toutes les mesures antidémocratiques ont été conçues et appliquées par d'éminents politologues recrutés dans les universités nigérianes, ce rôle d'experts au service de la dictature pour étouffer les aspirations démocratiques au Nigeria (Ibrahim 1997:114-117).

La démocratie est un système politique dans lequel la souveraineté est exercée en principe par le peuple ou ses représentants élus, à la suite de consultations électorales libres, régulières et transparentes. Elle nécessite des élections libres, le multipartisme, le refus de la censure, la reconnaissance et le respect des droits de la minorité et le gouvernement démocratique reposant sur le consentement des gouvernés. Cette définition est loin de faire l'unanimité en Afrique, confrontée au problème de l'alternance politique.

Avec le multipartisme, peut toutefois s'interroger sur le rôle que devaient jouer les intellectuels dans l'émergence d'une alternance politique en Afrique. L'expérience révèle que jusqu'à ce jour, moins de dix pays figurent dans le tableau d'honneur des pays ayant assuré sans difficulté l'alternance politique. Ce sont : le Sénégal, le Mali, le Ghana, le Bénin, le Kenya, et l'Afrique du Sud…

La démocratie, telle que les Africains la conçoivent aujourd'hui, est une aspiration légitime des peuples à prendre en charge leur propre destin, en organisant un dialogue à l'échelle de leur environnement immédiat, dans la liberté et le respect des droits de l'Homme. En effet, après trois décennies de musellement, de brimades, d'intolérance et de marginalisation, les Africains refondent aujourd'hui leurs espoirs sur la démocratie multipartite. Mais, deux phénomènes caractérisent cette réhabilitation démocratique. D'une part l'habileté de certains dirigeants africains a permis de passer du monopartisme au pluralisme politique sans difficulté et d'autre part le refus d'anciens dictateurs qui ne voulaient pas ou qui acceptaient difficilement le passage d'un système à un autre.

Dans plusieurs pays africains, les intellectuels n'ont jamais dénoncé le refus de certains dictateurs d'assurer l'alternance politique à l'exception de quelques rares cas. Cette incapacité notoire des intellectuels fait que l'Afrique présente un sombre bilan dans l'instauration d'une gouvernance démocratique. La conservation du pouvoir politique est garantie par la pensée unique et la suppression de fait ou de droit des libertés fondamentales. On assiste dès lors à un retour au « monopartisme voilé » au Gabon, Cameroun, Tchad, Congo Brazzaville, Togo, Ouganda, Guinée-Équatoriale, Guinée, Zimbabwe, Rwanda. L'instauration des systèmes autoritaires et arbitraires dans ces pays a pour conséquence d'instituer un état permanent d'humiliation et de violence, source de violations graves et massives des droits de l'Homme, délit d'opinion, perquisition, arrestations, tortures, assassinats, massacres. Ces violations constituent autant de frustrations qui ont provoqué des guerres civiles et surtout des tensions sociales qui s'aggravent de jour en jour. Les intellectuels sont devenus la voix et même la caricature des « monstres » autoritaires qu'ils n'avaient cessé de vilipender. Certains auteurs reconnaissent une certaine « défaite de la pensée » (Fienkielkraut 1987), « une démission des intellectuels » (Caille 1993) ou encore « une trahison des clercs » (Benda 1965).

Des chercheurs comme Mbata Mangu estiment que le constitutionalisme et la démocratie en Afrique sont fortement menacés dans des situations où l'élite intellectuelle est soumise à l'élite politique. En effet, les manifestations du refus de l'alternance politique sont notoirement connues. On se bornera simplement à en citer deux : la fraude électorale et l'intervention dans le jeu électoral.

- **La fraude électorale** est devenue une activité dite de « technologie électorale ». Les cas de fraude sont si nombreux et flagrants qu'ils sont dénoncés par les observateurs étrangers et les organisations d'observation des élections. Les élections sont boycottées par les partis d'opposition qui estiment que les jeux sont déjà faits et qu'il est inutile de se présenter. Et du coup naissent d'autres confrontations qui se métamorphosent en affrontements armés entre différents groupes politiques (Congo, Togo, Zimbabwe).

- **L'intervention dans le jeu électoral** est liée à la fraude électorale. Elle consiste pour les gouvernements en place, à prendre des mesures d'autorité pour influencer le scrutin en faveur de leur parti. Comme pour dire « On n'organise pas les élections pour les perdre ». Cette intervention peut se faire à tous les stades du scrutin et revêtir diverses formes : blocage de la proclamation des résultats défavorables au parti et tentatives de modification du jeu électoral ; proclamation des résultats avant d'entrer en possession des PV des bureaux de vote ; annulation des voix obtenues par les partis de l'opposition dans son fief ; suspension de la commission électorale en plein déroulement du scrutin ; annulation des élections remportées par l'opposition.

Les conséquences du refus de l'alternance politique sont dramatiques. Les fraudes massives et grossières sont à l'origine des violences armées et guerres civiles. Partout, il y a eu des coups de feu à la suite des élections présidentielles et législatives où l'opposition et la Mouvance présidentielle se voient accusées de tricherie aux urnes ou de corruption d'électeurs (Gabon, Togo, Madagascar, Zimbabwe, Congo-Brazzaville, Mali, Guinée Équatoriale, Côte d'Ivoire…). On peut donc dire que l'histoire de l'Afrique de l'ère démocratique révèle que le mode courant du pouvoir politique n'est pas l'élection transparente, mais la mascarade électorale. Le multipartisme apparaît comme synonyme de « démocrature, dictature camouflée, démocratie truquée » (Liniger-Goumaz 1992)

La politique en Afrique étant source de bien-être et d'enrichissement, on s'agrippe au pouvoir en s'intéressant au parti au pouvoir ou censé y accéder pour se servir et non pour servir. Les intellectuels ne sont-ils pas pris dans ce piège ?

Quelle est la responsabilité des intellectuels dans les différents cas de fraude ? Que font-ils pour lutter contre ces fraudes ? La démocratie est-elle un luxe pour les Africains ? Telles sont les questions auxquelles la communauté intellectuelle africaine devrait répondre.

Il est clairement établi que les intellectuels participent dans plusieurs pays africains au blocage du processus démocratique et au verrouillage des institutions républicaines. Il n'est un secret pour personne que, pour remodeler les constitutions à leur gré, ou mettre en place des lois électorales susceptibles d'exclure les adversaires de taille, les présidents africains n'utilisent pas les militaires dans les casernes, ou encore les paysans dans les champs. Ce sont plutôt les intellectuels qui y sont instrumentalisés. Certains spécialistes pensent que ce sont la faiblesse des moyens de subsistance de la classe moyenne (les juristes, avocats, professeurs d'université, enseignants) et son exploitation par le groupe dirigeant qui constituent les obstacles majeurs au développement constitutionnel et démocratique en Afrique.

 Loin de s'identifier aux aspirations démocratiques des masses, ils aident leurs gouvernements à martyriser les peuples et sont devenus les avocats du changement non démocratique. Ils donnent plus de pouvoir aux dictateurs africains qui font régner des régimes autoritaires, et par conséquent, contribuent d'une manière ou d'une autre à maintenir au pouvoir des tyrans de plus en plus sanguinaires et plus corrompus (Ajayi, Goma et Ampha 1996).

Le blocage du processus démocratique en Afrique participe au retard que connaît l'Afrique du point de vue du développement économique. Victime de tant d'années de pillage, de gabegie, d'expérimentation, de théorisation et d'incompréhension de tous genres, elle s'est trouvée déstructurée, dépouillée, salie, calomniée puis rejetée par ceux-là mêmes qui ont toujours prétendu agir pour son émancipation. La démocratie est un choix irréversible, mais elle n'est jamais définitivement acquise. Elle exige des efforts chaque jour renouvelés, une vigilance de tous les instants pour sa consolidation. Quoiqu'il en soit, devant la faillite des partis uniques et des régimes militaires, il est grand temps que les choses changent, que l'Afrique renoue avec le multipartisme.

Les défis des intellectuels africains

L'élite intellectuelle est aujourd'hui dominée par le vagabondage politique et intellectuel pour des intérêts matériels, le carriérisme politique, le manque de conscience, l'opportunisme politique et la politique de la « gouvernementalité » du ventre. Ce vagabondage contribue à faire échouer des processus de démocratisation et à maintenir au pouvoir pendant des années des dirigeants autoritaires (Zaïre, Togo, Gabon, Ouganda, Cameroun…).

Au seuil du 3e millénaire, on assiste en Afrique à une sorte d'implosion, marquée par l'instabilité politique, des coups d'État, des guerres civiles qui rendent le continent si vulnérable à la misère. Ces conflits restent l'un des gros défis de l'Afrique maintenant et dans le futur. Ce continent est toujours à la quête de la démocratie.

La démocratie est universelle et il faut l'appliquer normalement en Afrique en respectant ses principes élémentaires en corrélation avec le vécu quotidien de chaque peuple. L'Africain n'a pas en général une culture politique, à cause du taux élevé de l'analphabétisme qui est un handicap pour le multipartisme. Du coup, la démocratie n'est plus respectée et cela a souvent défavorisé sa bonne marche. Des urnes sont aussi sortis des dictateurs. Pourquoi en attendant que la culture démocratique s'installe en Afrique, on ne pourrait pas faire voter uniquement les intellectuels qui comprennent mieux ce qu'on leur demande de choisir ? Il sied de dire que 80% des électeurs en Afrique sont des illettrés, des personnes naïves que les hommes politiques peuvent facilement manipuler et corrompre en se servant souvent du tribalisme et du régionalisme pour assouvir leur dessein. Le civisme n'est pas encore bien développé en Afrique. Cette situation fait que le vote qui est un devoir civique n'est pas pris au sérieux.

Combien de fois des premières élections pluralistes n'ont donné lieu qu'à des joutes oratoires entre les intellectuels qui cherchent dans les débats le petit mot, la petite phrase qui tue, la petite expression qui peut faire, se lever comme un homme, une meute d'individus sans repères, corrompus jusqu'à la moelle, prêts à soutenir un leader dont l'unique ambition est d'acquérir le pouvoir ou de le garder pour des intérêts obscurs.

Si la démocratie doit être vécue en Afrique comme elle l'est en Occident, elle ne débouchera pas sur la liberté. Or, seule cette valeur peut aider au développement de l'Afrique. Les valeurs africaines peuvent constituer la sève nourricière à la construction d'un monde évolué. Une machette mal tenue peut blesser grièvement celui qui l'utilise.

L'outil démocratique mal exploité peut tuer la liberté. Et c'est là que les intellectuels se voient dévolus un rôle primordial devant l'histoire : aider la démocratie à bâtir la liberté. Les intellectuels africains doivent sortir leur nez des livres, éviter de passer leur temps à citer les Voltaire, Rousseau, Platon, Marx dans des débats abstraits et stériles.

L'éducation pour la démocratie doit être faite par les intellectuels, censés mieux appréhender le concept de démocratie. Jusqu'à présent, ceux-ci sont bien écoutés dans la société. Le travail à faire en amont est celui de faire connaître la démocratie aux populations africaines, sinon, elle aura du mal à s'implanter. Le peuple pourra élire ceux qui apparaissent les plus aptes à gouverner et sanctionnera les incompétents, les mauvais gestionnaires et les corrompus. Les dirigeants sont condamnés à refréner leurs instincts, à surveiller et à se garder de tout abus ou excès. Les luttes pour le changement constitutionnel, les réformes politiques et la démocratisation en sont un témoignage éloquent. Pour que l'alternance politique soit assurée en Afrique, les intellectuels doivent se mobiliser, travailler et lutter chaque jour, avec plus de courage, de persévérance et de ténacité. Il faudra élargir les frontières de la démocratie afin de desserrer progressivement le carcan du totalitarisme dans lequel le peuple a trop longtemps vécu. Ce sera un travail ardu et de longue haleine, car il ne faut pas se faire trop d'illusions : les vieilles pratiques, les mentalités héritées du parti unique ne disparaîtront pas du jour au lendemain. Les Africains ont bien intérêt à opter pour le jeu démocratique comme unique moyen d'accéder au pouvoir et, par voie de conséquence, se soumettre loyalement au verdict du suffrage universel. Le temps des coups d'État et assassinats politiques pour accéder au pouvoir est révolu.

La démocratie ne se limite pas aux dimensions institutionnelles de la gouvernance, mais implique aussi la notion d'une véritable participation des citoyens. Le développement démocratique ne peut s'enraciner et se poursuivre en douceur que s'il existe un cadre institutionnel de mise en œuvre de tous les droits humains. L'engagement en faveur de la démocratie doit s'inscrire dans le cadre d'élections libres et transparentes, le pluralisme politique et la bonne gouvernance.

Il faut initier les populations à la démocratie, leur faire comprendre et apprendre que la démocratie est le fait d'appartenir à une même nation, une même patrie avec les mêmes droits et devoirs, sans d'autres considérations d'aucune sorte.

L'édification d'une culture démocratique en Afrique devrait suivre le schéma suivant : mettre en place différents organes constitutionnels susceptibles de favoriser l'exercice de la démocratie ; créer des conditions propices au plein exercice de la démocratie ; garantir les libertés fondamentales et les droits humains ; fixer les règles du jeu démocratique ; assurer la transparence du jeu électoral ; renforcer la gouvernance démocratique et économique ; assurer l'adhésion des gouvernants aux idéaux de la démocratie ; accepter l'alternance politique.

Les intellectuels africains doivent refonder la capacité de gouvernance des États et partant leur capacité à combattre les vulnérabilités politiques et sociales. Ils doivent lutter pour la prévention et la gestion des conflits ; la promotion des droits de l'Homme ; l'éradication de la pauvreté ; la promotion d'une culture démocratique. Il ne peut y avoir de paix sans démocratie. De même, il n'y a pas de démocratie sans paix. L'Afrique demeure frappée par la guerre civile, les conflits internes et externes. Pour réaliser le développement économique en Afrique, il faut mettre un terme aux conflits armés qui sévissent sur le continent. Cette responsabilité incombe aux Africains qui doivent s'en acquitter par le dialogue et la médiation, le maintien et la promotion de la paix. Mettre fin aux guerres constitue un acte pour lequel la démocratie, la bonne gouvernance demeurent essentielles.

Conclusion

L'Afrique connaît le chaos, l'insécurité, les conflits armés et les tensions pour savoir que le développement démocratique, la prospérité et le bonheur accéder à une nouvelle ère permettent de nourrir quelques optimismes et d'intensifier la lutte pour le développement démocratique en Afrique.

La démocratie ne serait-elle pas un luxe pour les Africains si l'on considère tous les déboires et bouleversements qui l'accompagnent ? Les Africains doivent éviter la politique du ventre et s'efforcer à faire passer l'intérêt de la Nation au-dessus des leurs.

L'Afrique doit prendre conscience des enjeux de la mondialisation et de la démocratie. Les exemples donnés par le Sénégal et le Mali avec des élections respectables devraient interpeller la classe politique africaine. Les intellectuels doivent de leur côté jouer un rôle important dans l'édification d'une culture démocratique en Afrique.

Références

Ajayi, J.F., Goma et Ampha, 1996, *The African Experience with Higher Education,* Accra, AAU, London, James Currey et Athons, Ohio, University Press.

Ake, C., 1995, *The Democratisation of Disempowerment in Africa,* Plutot Press, London.

Arendt, H., 1982, *Les origines du totalitarisme*, Paris, Fayard.

Arnaud de la Grange, 1996, *Mondes rebelles*, Paris, Michalon.

Babu Zale, 1995, *Le Congo de Lissouba,* Paris, L'Harmattan.

Badie, B., 1995, *La fin des territoires*, Paris, Fayard.

Bangoura, D., 1972, *Les armées africaines*, Paris, CHEAM.

Baudouin, J., 1992, *Introduction à la science politique*, Paris, Daloz.

Bayart, J. F., 1989, *L'État en Afrique : la politique du ventre*, Paris, Hachette.

Bayart, B., Ellis, S., Hibou, B., 1997, *La criminalisation de l'État en Afrique*, Bruxelles, Complexe.

Bembet, G., 1997, *Congo : Impostures souveraines et crimes démocratiques,* Paris, L'Harmattan.

Benda, J., 1965, *La trahison des clercs*, Paris, J.J. Pauvert.

Blanchet, A., 1990, « De la Baule : 19-21 juin 1990 : XVe Conférence des Chefs d'État de France et d'Afrique », *Afrique contemporaine,* n° 155, Paris.

Bouthey, F., 1990, *Trois glorieuses ou la chute de Youlou*, Chaka, Dakar.

Cabral, A., 1965, *Unité et lutte,* Maspero, Paris.

Caille, A., 1993, *La démission des clercs : la crise des sciences sociales et l'oubli du politique,* Paris, La Découverte.

Carrington, N.J, et Detragiach, E., 1999, « Quelle est l'ampleur de l'exode des cerveaux. » *Finance et développement*, juin.

Chesnais, J.C., 1981, *Histoire de la violence en Occident de 1800 à nos jours*, Paris, Laffont

Chevalier, J., 1992 : *L'État de Droit*, Paris Mont Chrestien

CODESRIA, 1996, *L'état des libertés académiques en Afrique en 1995*, Dakar, CODESRIA.

Conac, G., 1993, *L'Afrique en transition vers le pluralisme politique*, Paris, Economica.

Daloz, J.-P., et Quantin, P., 1997, *Les transitions démocratiques africaines*, Paris, Karthala.

Diarra, Ch., 1997, « Cerveaux africains expatriés : un investissement stratégique » *Soleil*, novembre.

Diop, C.A., 1954, *Nations nègres et Culture*, Paris, Présence africaine.

Diop Serigne, 1992 « Du parti unique aux multiples partis ou la démocratie introuvable » *Afrique contemporaine* n°164, octobre- décembre.

Diouf, Mamadou, 1992 « Les paroles politiques africaines : des luttes anticoloniales aux Conférences nationales » *Intégration régionale dans le monde*, Dakar.

Dobry, Michel, 1992, *Sociologie des crises politiques*, Paris, Press de la FNSP.

Eboussi Boulaga, F., 1993, *Les conférences nationales africaines en Afrique noire. Une affaire à Suivre,* Paris, Karthala.

Gonidec, P. F., 1974, *Les systèmes politiques africains, les Réalités du pouvoir*. Paris, LGDJ.

Gonidec, P. F, 1983, « Typologie des régimes politiques », in *Pouvoir* n°25.

Guadilla, C.G., 1996, «L'exode des cerveaux :phénomène Sud/Nord aux proportions alarmantes » *Le courrier de l'UNESCO,* octobre.

Houart, P., 1961, *La pénétration du communisme au Congo,* Bruxelles.

Ikounga, M., 1999, *Congo Brazzaville : Devoir de parole*, Côte d'Ivoire, Multi print.

Ibrahim, J., 1997, « Political Scientists and Subversion of Democracy in Africa », in *The States and Democracy in Africa,* Harare, AAPS Books.

Jaffrelot, C., 2000, *Démocraties d'ailleurs*, Paris, Karthala.

Kapita, M., 1992, *Patrice Lumumba. Justice pour le héros*, Paris, L'Harmattan.

Kissita, A., 1993, *Congo : Trois décennies d'une démocratie introuvable*, Brazzaville, SED.

Liniger-Goumaz, M., 1992, *Démocrature, dictature camouflée et démocratie truquée*, Paris, L'Harmattan.

Lissouba, P., 1997, *Congo*, Odilon, Média.

Ludo De Witte, 2000, *L'assassinat de Lumumba*, Paris, Karthala.

Mahiou, A., 1969, *L'avènement du parti unique en Afrique noire. L'expérience des États d'expression française*, Paris, LGDJ.

Makouta Mboukou, J.P., 1999, *La destruction de Brazzaville ou la démocratie guillotinée,* Paris, L'Harmattan.

Monheim, F., 1962, *Mobutu l'homme seul*, Bruxelles.

Ndaki, G., 1997, *Crises, mutations et conflits politiques au Congo Brazzaville,* Paris, L'Harmattan.

Nkrumah, K., 1994, *L'Afrique doit s'unir*, Paris, Présence africaine, 2e édition.

Nsafou, G., 1996, *Congo : De la démocratie à la démocrature*, Paris, L'Harmattan.

Obenga, Th., 1998, *L'Histoire sanglante du Congo (1959-1997)*, Paris, Présence Africaine,

Ostrogorski, M., 1974, *La démocratie et les partis politiques*, Paris, Ed. du Seuil.

Padmore, G., 1961, *Panafricanisme ou communisme*, Paris, Présence africaine.

Ramonet, Ignaco, 1999, *Géopolitique du chaos,* Paris, Gallimard.

Willame, J. C., 1990, *Patrice Lumumba, La crise congolaise revisitée,* Paris, Karthala.

Zartman, I. W., 1995, *L'effondrement de l'État. Désintégration et restauration du pouvoir légitime.* Lymes R. Publishers.

5

Pourquoi le processus d'intégration économique en Afrique piétine-t-il ? nouvelles explications de l'échec de la politique d'intégration

Kalilou Sylla

Introduction

L'économie mondiale se caractérise de plus en plus par une forte concurrence à travers la réduction des barrières tarifaires et non tarifaires en vue d'étendre le marché. Tout se passe comme si le but de ces réformes est d'éliminer les économies les moins compétitives au profit de celles plus compétitives. En effet, le courant libéral indique que cette tendance améliorera le bien-être de la population mondiale en accroissant les biens et services tout en réduisant leur coût d'accès.

Cette restructuration se fait au détriment de l'État qui voit sa taille se réduire et qui doit renégocier son rôle. En effet, les États ont perdu leurs compétences dans divers domaines du fait de la mondialisation. Au niveau économique, par exemple, ils n'ont plus la maîtrise de la politique, dans la mesure où ils ont du mal à contrôler la masse monétaire et leur budget. Du fait de la libéralisation du marché financier au niveau mondial, la monnaie circule rapidement et sans contrôle d'un pays à l'autre. Cette situation agit sur la masse monétaire et donc sur la politique monétaire qui, de ce fait, échappe au contrôle des gouvernements.

La crise monétaire qui a secoué l'Asie du Sud-Est, le Mexique et la Russie en l'espace de six mois en 1999 illustre bien l'absence de contrôle de la politique monétaire et surtout sa répercussion rapide sur les autres pays. Cette crise interpelle notamment les pays africains dans la mesure où elle a commencé dans les pays qui avaient une très bonne performance économique et qui ont vu leurs efforts réduits par une crise monétaire.

Les leçons tirées de cette crise monétaire mondiale sont la nécessité d'introduire une régulation de la masse monétaire au niveau mondiale, l'incapacité de la région la plus performante au niveau économique de l'heure à gérer la crise monétaire dans le cadre des pays pris individuellement et la nécessité d'une réaction régionale et globale pour freiner les crises nées de la mondialisation. La crise interpelle sur la redéfinition de l'État dans un cadre régional.

En effet, la mondialisation accroît la probabilité des crises économiques tout en offrant la possibilité d'améliorer le bien-être des populations au niveau mondial. Elle appelle une redéfinition de l'État en vue de mieux juguler les effets négatifs de la crise notamment par la mise en place d'institutions appropriées. Tout se passe comme si l'État devait contracter certaines de ses compétences au niveau régional en vue d'améliorer les bien-être des populations. C'est ce qui explique la prolifération des groupements régionaux à travers le monde.

L'Afrique qui est le continent le plus pauvre du monde connaît aussi cette situation. La prolifération actuelle des regroupements régionaux à travers le continent fait suite à celle des premiers jours de l'indépendance. Ces regroupements n'ont pas réussi à être des institutions fortes au profit des populations. Le courant principal de l'analyse économique a attribué ces échecs à des explications classiques dont les plus importantes restent l'étroitesse des marchés, la concurrence entre les chefs d'État, etc. Cependant, cette analyse pose l'hypothèse que les chefs d'État africains sont des despotes bienveillants disposés à aller à l'intégration tout en y incluant leur peuple.

La présente étude, en empruntant des exemples aux pays africains, relâche l'hypothèse susmentionnée pour mieux comprendre la logique de pouvoir de nos gouvernements et du peuple afin d'évoquer d'autres raisons, les plus importantes ignorées par l'analyse classique. En s'appuyant sur les théories du *public choice*, de l'altruisme et du capital social, cette étude met en évidence les nouvelles explications de l'échec des politiques d'intégration.

L'étude est structurée autour de la signification de l'intégration et les types de regroupements régionaux (I), les raisons classiques de l'échec de l'intégration (II), les raisons de l'insuffisance de l'analyse dominante (III) et les nouvelles explications de l'échec de l'intégration, ainsi que les propositions (IV).

L'intégration économique : théories et faits en Afrique

Plusieurs termes sont utilisés pour désigner l'intégration économique et sont à l'origine parfois des troubles conceptuels. Les concepts tels que le libre échange, l'union douanière, la communauté économique sont utilisés pour désigner l'intégration économique, alors qu'ils ne permettent pas de saisir correctement ce concept.

En effet, un espace de libre échange entre deux pays permet à ceux-ci de mettre en place un tarif douanier unique réduit et différent de celui appliqué au reste du monde sans que ce dernier tarif ne soit unifié. Au contraire, l'Union douanière suppose que les pays concernés appliquent un tarif douanier unique inférieur à celui unique appliqué au reste du monde. En plus d'être une union douanière, la communauté économique suppose la libre circulation des personnes et des biens.

L'intégration économique est une communauté économique avec harmonisation des politiques économiques. Elle suppose la mise en commun des compétences économiques en vue de juguler les problèmes communs. Elle vise une unicité de destin et la construction d'un super État avec un sens élevé de la solidarité notamment au niveau des peuples.

En théorie, l'intégration est la forme finale d'un processus de construction qui part des zones de libre échange ou de préférence tarifaire. Elle prône une concurrence entre les États en vue d'éliminer les situations de rente et induire de faibles coûts de production tout en bénéficiant de l'économie d'échelle. En outre, l'intégration économique contribue à améliorer le bien-être des populations à travers le faible coût de la main-d'œuvre et des biens induits par la liberté de circulation des personnes et des marchandises.

Dans les faits, il existe une multitude d'organisations régionales prônant l'intégration. Le tableau 1 donne quelques illustrations à travers l'Afrique.

La catégorisation des types d'organisations régionales comprend : les intégrations du fait du colonisateur et celles spontanées des pays africains. Les organisations créées sur la seule volonté des pays africains ont eu du mal à résister ou à être performantes. À l'opposé, les groupements régionaux avec une forte implication du colonisateur ont une performance relativement forte. C'est le cas de l'UEMOA avec « Papa France » et de l'Union douanière de l'Afrique australe (SADC) avec l'Afrique du Sud qui a une économie (Goldstein 2002) et une force de persuasion sur les autres partenaires.

Globalement, le tableau 2 indique que les échanges intra-africains sont faibles. Le tableau 2 montre que les échanges entre les pays africains restent modestes et tendent à s'accroître. Certains auteurs expliquent que cette évolution positive n'est pas liée à l'intégration (Yeats 1999) et qu'elle est le fait des politiques d'ajustement structurel (Longo *et al.* 2001). Concrètement, à l'exception de la SADC et de l'UEMOA dans une moindre mesure, l'intégration n'a pas donné les résultats escomptés. La SADC a, en effet, réussi à accroître le pourcentage du commerce transitant dans 6 États membres enclavés de 20 à 60% entre 1980 et 1990, la gestion commune des ressources énergétiques et une bonne coopération scientifique (Goldstein 2002).

Le constat est qu'au nom de la loi, l'Afrique est intégrée. Cependant, cette intégration n'a pas eu des avancées significatives par rapport aux espérances placées en elle. L'UEMOA mise à part, la SADC, en Afrique du sud, est un exemple de relatif succès. Ce succès est le fruit d'une coopération concrète sur des projets

Tableau 1 : Quelques regroupements régionaux en Afrique

Organisations régionales	Domaines d'intervention	date de création/ disparition	Pays membres
Unité africaine (UA) économie et défense	Plusieurs domaines dont diplomatie,	1963	32 États africains indépendants
Haute Commission pour l'Afrique de l'Est	Affaires étrangères	1948/1961	Kenya, Ouganda et Tanzanie
Communauté économique des pays du Grand Lac (CPGEL)	Co-gestion de quatre entreprises produisant de l'électricité, du ciment, des bouteilles et des houes	1976	Congo démocratique, Burundi et Rwanda.
Commission de l'océan Indien	Echanges, université de l'océan Indien et harmonisation des politiques économiques et commerciales	1984	
Union du Fleuve Mano	Union douanière et économique	1973	Sierra Leone, Guinée et Liberia
Union économique et monétaire ouest-africaine (UEMOA)	Intégration économique	1994	Tous les pays francophones de l'Afrique de l'Ouest sauf Guinée et Mauritanie plus la Guinée Bissau
Communauté économique des de l'Afrique de l'Ouest	Communauté économique, paix, sécurité alimentaire	1975	Pays de l'Afrique de l'Ouest des États sans Mauritanie
Conférence pour la coordination du développement de l'Afrique australe(SADC)	Coordination des politiques et accroissement des échanges	1969	Pays de l'Afrique australe plus Ile Maurice, Congo et Seychelles

Source : Goldstein (2002).

Tableau 2 : L'évolution de la part du commerce intra-africain à travers le temps

	1980	1985	1990	1995	1998
Part en %	5.2	4.9	7.3	10.3	11.4

Source : Goldstein (2002).

communs et en plus de la « forte » présence de l'Afrique du sud. En effet, à travers la Southern African Power Pool (SAPP), douze pays du Sud de l'Afrique ont permis la mise en place d'une production électrique moins coûteuse. Cette coopération « électrique » est le troisième type de coopération formelle au niveau mondial après celle de l'Amérique du Nord et de l'Europe (Schiff *et al.* 2002).

Tout porte à croire que les avancées en matière d'intégration ne peuvent aboutir que si les intérêts des États et des peuples sont pris en compte en lieu et place des seuls décrets ou du sentimentalisme.

L'échec de l'intégration économique : le courant dominant

La plupart des analystes pensent que l'échec de l'intégration est lié à un ensemble de facteurs économique, politique et social.

Au niveau des contraintes économiques, la diversité de la monnaie, les dotations factorielles différentiées, la structure identique des exportations sont souvent évoquées pour expliquer l'échec de l'intégration.

Au niveau de ces facteurs, la dotation différentielle des facteurs de production est présentée comme étant le refus des plus nantis à partager leur dotation naturelle. Le cas du Gabon et de la Libye sont édifiants à cet effet. Tout se passe comme si le leitmotiv pour l'intégration est : « d'accord mais restez chez vous ». En plus des dotations, il y a une asymétrie dans l'allocation des gains et des pertes qui peut expliquer la dislocation ou le mauvais fonctionnement des espaces intégrés (World Bank 2000). L'étude de Schiff (2003) donne l'exemple de la Communauté économique de l'Afrique de l'Est en 1960. En effet, la Tanzanie et le Kenya ont contesté le bénéfice tiré par le Kenya (plus développé) de leur intégration sans qu'il y ait un mécanisme de compensation.

Au niveau politique, on a souvent évoqué les importants flux d'immigration et les problèmes de leadership entre les chefs d'État. Beaucoup d'analystes ont commenté la naissance de l'OUA et les divergences entre les différents groupes. On accuse certains chefs d'État de n'avoir pas suffisamment soutenu Nkrumah dans son rêve d'unité. L'étude de Schiff *et al.* (2002) précise les contraintes politiques liées à l'intégration, notamment la fierté nationale, le partage des bénéfices de l'intégration et le manque de confiance mutuelle.

Enfin au plan social, le coût important lié aux flux migratoires est mentionné, ainsi que le chômage élevé induit par la concurrence entre les entreprises régionales et locales.

Les leçons du fonctionnement du marché politique en Afrique

Pour bien comprendre les limites du courant dominant, il convient d'analyser le fonctionnement du marché politique. En effet, le marché politique en Afrique était constitué par les entreprises d'idées dans une situation de monopole. Ces entreprises produisaient en réalité très peu d'idées et surtout interdisaient leur production à travers le musellement de la presse. Ces politiques conduisent à la production d'idées de piètre qualité se référant à l'ethnisme et/ à un soi-disant nationalisme.

Ensuite, les gouvernements, sur ce marché monopolistique, traquaient tous ceux qui étaient capables d'idéaliser financièrement puis physiquement en cas d'échec de la corruption financière. Ce dispositif a continué avec l'avènement du multipartisme. Le financement de ce dispositif était assuré par une forte politique fiscale à travers une économie de rente. En effet, les barrières tarifaires et non tarifaires mettent en place un système de rétention des fonds au profit des pouvoirs publics et/ou favorisent les entreprises dans lesquelles les gouvernants sont actionnaires. Ces fonds ont une forte composante illégale transitant dans des comptes occultes pour d'une part remercier les clients du parti politique et d'autre part neutraliser les adversaires politiques et subventionner les populations dangereuses capables de conduire la révolte comme les étudiants et les enseignants. En outre, ces fonds servent aussi à dévier de leur objectif républicain les forces de défense et de sécurité, en leur allouant des primes de maintien de l'ordre à chaque manifestation de l'opposition. Ces dernières deviennent ainsi les « forces du désordre » au profit du parti au pouvoir en contribuant à la répression physique.

Ces fonds contribuent aussi à construire une image des gouvernants auprès de l'opinion publique européenne et américaine à travers les cabinets huppés de relations publiques avec pour but la projection de l'image de gouvernants patriotes et suffisamment préoccupés par le bien-être de leur population. Ce marketing politique permettait ainsi de profiter de l'aide publique au développement et de la sympathie des gouvernements de ces pays. Ainsi la répression fiscale alimente les répressions physique et morale pour induire la construction d'une image de gouvernants patriotes.

Cette architecture du marché politique national et ses interconnexions avec le reste du monde joue un rôle très important dans les changements d'orientations et dans les prises de décisions, surtout au niveau du continent africain.

Les limites du courant dominant et nouvelles explications de l'échec de l'intégration

Le courant de pensée dominant fait l'hypothèse que les chefs d'État africains sont des despotes bienveillants qui œuvrent pour le bien-être de leur population. Dans cette hypothèse, ils font ce qu'ils peuvent mais ce sont les contraintes indépendantes de leur volonté qui ne permettent pas la réalisation de l'intégration. Cette hypothèse doit être relâchée à la lumière de la description du marché politique africain ci-dessus et de la théorie du *public choice* ou de l'économie des Institutions (Tullock 1982). Cette théorie indique que comme tous les agents économiques, les gouvernements cherchent à maximiser leur utilité qui est de se maintenir au pouvoir tout en améliorant le bien-être de leurs membres. Ce comportement égoïste des gouvernants se traduit par l'accroissement des avantages qu'ils s'octroient et surtout par leur grande propension à entretenir une clientèle politique. Dans les pays où le marché politique fonctionne correctement, cette clientèle s'entretient en grande partie avec les produits des entreprises d'idées qui soutiennent les gouvernements. Ces entreprises « fabriquent » des programmes de gouvernement qui sont proposés aux consommateurs (électeurs). Ceux-ci les « achètent » avec leurs voix ou les sanctionnent. Dans le cas des pays africains où le marché politique fonctionne très mal, les entreprises d'idées ne « fabriquent » que l'ethnisme et recherchent les fonds illicites pour acheter les « voix des électeurs ». Dans ces conditions, la nation est fragmentée et l'ethnisme apparaît au premier plan comme un instrument d'accession au pouvoir. En général, ayant peur du verdict des urnes dans la mesure où les entreprises politiques concurrentes sont plus performantes avec des produits compétitifs en termes d'idées, les gouvernants empêchent le bon fonctionnement du marché politique.

Ayant internalisé cette donne dans leur stratégie, les gouvernants utilisent la répression fiscale pour alimenter des fonds qui servent à embellir leur image à l'extérieur. Cette répression fiscale, comme il est démontré dans la section précédente, leur sert à maintenir la clientèle politique, à financer leur élection et à améliorer leur image à l'extérieur afin de bénéficier des fonds.

Cependant, la répression fiscale appauvrit les populations et les conduit à utiliser le secteur informel comme seul moyen de subsistance. Étant exclues de la politique (leurs voix ne comptant pas) et de l'économie formelle, ces populations développent un capital social c'est-à-dire des réseaux informels fondés sur la confiance en vue d'améliorer leur bien-être (Putnam 1993). Ce capital social est facilement étendu au niveau de la sous-région compte tenu des antécédents culturels que les peuples entretiennent notamment l'appartenance à une même langue et à une même religion. À défaut de statistiques officielles, ils commercent entre eux. Le commerce régional informel s'inscrit dans les traditions anciennes de ces peuples qui a défié le temps et les différentes politiques économiques. Ces commerces se font avec des règles mises en place grâce au capital social qu'ils ont développé au fil du temps. Ces règles n'obéissent pas forcément à celles inscrites dans les accords d'intégration établie par le haut.

Le pouvoir politique qui a contribué à l'appauvrissement de ces populations utilise leur misère pour attirer la sympathie financière des bailleurs de fonds internationaux dont l'opinion publique a été préalablement sensibilisée. Ces ressources viennent accroître le mécanisme d'enrichissement illicite tout en renforçant ainsi le dispositif de répression.

En effet, les gouvernements africains qui ont embelli leur image à coup de milliards viennent « pleurenicher » sur le sort de leurs populations appauvries. Les bailleurs de fonds leur accordent l'aide avec la bienveillance de leur opinion publique qui a été adoucie par les campagnes de relations publiques. Tout se passe comme si ces bailleurs de fonds sont des bons samaritains qui agissent ainsi à cause des remords liés à la colonisation et à l'esclavage, mais aussi et surtout parce que ces fonds retourneront dans ces pays sous une autre forme notamment pour financer les campagnes électorales dans les pays développés. L'exemple du Chancelier Helmut Kohl est éloquent à cet égard.

L'intégration économique en Afrique a échoué parce qu'elle mettait en péril les gouvernants en place, nuisait à l'intérêt des bons samaritains (bailleurs de fonds) et parce que les populations se sont intégrées sans tenir compte des accords d'intégration par le haut.

La nouvelle architecture économique mondiale et la poussée de l'intégration

L'environnement mondial est en pleine mutation. Cette mutation se focalise sur un modèle politique, économique et social avec pour point d'ancrage la démocratie, le marché et l'opinion publique (pouvoir de la rue et des lobbies). Cette nouvelle configuration a introduit des ondes de chocs sur les marchés politique, économique et social des pays africains. Le marché politique africain se libéralise de plus en plus en adoptant progressivement des règles de respect des droits de l'homme et en autorisant les candidatures plurielles aux élections présidentielles.

Même si le discours de la Baule a donné le coup d'envoi de cette libéralisation, il convient d'expliquer que les politiques d'ajustement structurel des années 1980 avaient déjà sapé les fondements du fonctionnement du marché politique africain ancré sur l'économie de rente. Ce marché avait du mal à fonctionner selon les règles de l'ancien système en l'absence des fiscalités excessives supprimées par l'ajustement.

Par ailleurs, le peuple s'est donné des ressources importantes de protestation à travers la prolifération des syndicats et ONG de droits de l'homme. En l'absence de la répression financière et physique, il ne restait qu'à appliquer les règles du jeu, même si certains trichent au début. Ils doivent se convaincre que le consensus mondial dicte la démocratie comme seul moyen de réguler le marché politique.

D'ailleurs, le fonctionnement du marché politique est une conditionnalité pour l'octroi des aides.

En plus, l'économie des pays est désormais soumise à l'obligation de compétition, notamment dans le cadre des Accords de partenariat économique (APE) et de résultats pour l'octroi de l'aide. En clair, les pays ont jusqu'à 2008 pour ouvrir complètement leur marché aux Européens avec l'application de la réciprocité. Jusqu'ici, les produits des pays ACP (Afrique Caraïbes et Pacifique) accédaient aux marchés européens sans taxe alors que les produits européens étaient taxés. À partir de 2008, les accords préconisent une zone de libre échange entre les deux groupes de pays avec réciprocité dans l'application des taxes. Cette situation ouvre le marché africain à la compétition européenne. En plus, l'accord entre les deux parties prévoit l'aide sur la base de l'intégration. Cet accord catalyse l'intégration, mais permet aux pays africains de comprendre la nécessité de s'intégrer ou de subir un bloc européen, premier marché mondial et première puissance économique mondiale.

Le nouvel environnement dicte l'accélération de l'intégration économique. La subvention à l'intégration est tellement forte que les pays n'ont d'autres choix que de l'intégrer dans leur agenda de développement.

En plus de l'Union européenne, la Banque mondiale et le FMI ont affirmé leur volonté d'aider les Africains à partir d'une politique d'intégration. Le NEPAD a profité de cette ambiance de peur des gouvernements dépourvus de tout pouvoir pour mettre en place une politique africaine d'intégration se focalisant sur les blocs régionaux existants.

On notera que le NEPAD est l'œuvre de quatre chefs d'État dont trois sont des exemples de démocrates à travers le continent. Ce constat prouve encore une fois que le marché politique n'est plus aussi facilement manipulé que par le passé.

L'architecture politique, économique et social au niveau mondial a donné les grandes lignes de la conception des politiques futures, qui doivent se focaliser sur la construction d'un bloc homogène pour, *in fine,* parvenir à un marché unique politique, économique et social. S'il n'est pas encore question d'élire le président de ce nouveau monde, il est tout même urgent de se faire entendre dans les étapes futures du processus. L'Afrique n'a pas le choix, car ses populations y sont déjà.

Conclusions

Il ressort de cette analyse que la politique d'intégration a souffert de l'égoïsme de nos gouvernants qui n'avaient pas intérêt compte tenu du fonctionnement monopolistique ou oligopolistique du marché politique qui utilisait une politique fiscale répressive en vue de leur maintien au pouvoir. Cette répression fiscale n'a pas permis la mise en place de la politique d'intégration.

Par contre, la répression fiscale a permis la construction d'un capital social important, qui par le truchement du secteur informel a déjà entrepris le processus d'intégration par le bas avec ses règles propres et profitant de la similitude des peuples à la frontière.

Dans un environnement nouveau où les politiques d'ajustement structurel ont réduit les fiscalités excessives et où les nouveaux accords des APE et l'OMC combattent toute forme de fiscalité excessive, l'Afrique se retrouve au carrefour d'une seule voie, celle de l'intégration.

Cependant, les gouvernements du continent devraient reconstruire l'intégration en se focalisant sur les pas intégrateurs existants au niveau des populations à la base notamment l'important capital social que ces populations utilisent dans le commerce régional.

Enfin, l'intégration ne se décrète pas, elle est le l'œuvre des peuples ayant pris conscience de leur destin commun et qui œuvrent pour faire changer le cours des éléments défavorables à leur développement, c'est-à-dire à leur liberté.

Références

Goldstein, A., 2002, *Le nouveau régionalisme en Afrique subsaharienne: l'arbre cache t-il une forêt ?*, Paris, OCDE.

Putnam, R.D., 1993, *Making Democracy Work : Civic Traditions in Modern Italy*, Princeton, NJ, Princeton University Press.

Schiff, M., and Winters, A.L., 2002, «Regional Cooperation and the Role of International Organization and Regional Integration», World Bank Policy Research Working Paper 2872, Washington DC, World Bank.

Schiff, M., 2003, «Regional Integration and Development in the Small States», Development Research Group, World Bank.

Tullock, G., 1978, *Le marché politique : analyse économique des processus politiques,* Paris, Economica.

Yeats, A, 2002, «What Can be Expected from Africa Trade Arrangements? Some Empirical Evidence», Policy Research Working paper 2004.

World Bank, 2002, «Trading Bloc», Washington DC, World Bank.

6

Panafricanisme et lutte dans un monde multipolaire

Bernard Founou-Tchuigoua

Quelle sera l'issue de la crise actuelle du capitalisme ? L'extension du chaos multidimensionnel des pays périphériques à ceux du centre ; un stade du capitalisme régulé à nouveau par les autorités politiques et une participation forte de la société civile ; ou un postcapitalisme meilleur pour les êtres humains et l'environnement que le capitalisme et le soviétisme ? Les théories et politiques du régionalisme africain doivent être appréciées par rapport à ces enjeux. Dans les trois scénarios les méga-régions s'en sortiront mieux que les régions balkanisées. Or s'il existe bien des régions qui répondent aux défis du capitalisme techno-scientifique en dépassant les États-nations par la régionalisation, en revanche aucune loi interne à la mondialisation ne l'impose. Jusqu'à présent, aucune partie du quart-monde en général et de l'Afrique en particulier, ne connaît une véritable construction régionale comparable à l'Union européenne–qui souvent sert de référence. Au contraire la méga-entreprise produit, en Afrique et dans le quart-monde, des conflits entre États, ce que les panafricanistes conséquents ne sauraient admettre.

Le panafricanisme classique de gauche qui s'étend du retour de Nkrumah en Afrique en 1947 à la formation de l'OUA en 1963, désigne l'ensemble des théories, idéologies et pratiques qui partagent deux paradigmes fondamentaux : a) il faut entre autres conditions que le continent et ses îles deviennent très rapidement le territoire de peuples unis dans un *État-Afrique* qui leur assure sécurité économique et politique extérieure, et développement socio-économique. L'hypothèse étant que la balkanisation en 53 États, dont les rapports sont potentiellement conflictuels ou manipulables par les intérêts anti-panafricanistes, est de nature à dévier ou à bloquer les efforts pour sortir de la grande crise qui dure depuis la première phase de la mondialisation capitaliste au XIVe siècle ; b) le temps travaille contre la formation de cet État ; plus il passe, plus les consciences nationales se cristallisent dans la balkanisation[1].

Ces deux paradigmes du panafricanisme formulés en particulier par Nkrumah et Cheikh Anta Diop sont-ils toujours d'actualité ? Les exemples de la Corée du Sud et de Taiwan ne montrent-ils pas que le rattrapage économique est possible pour des États moyens – par le territoire et la population ? Ne voyons-nous pas l'Inde traîner et le Brésil se compradoriser malgré leur taille continentale ? Cuba ne tente-t-il pas une expérience postcapitaliste dans une région située dans ce que les États-Unis appellent l'hémisphère occidental ? Nous ne pensons pas que ces exemples invalident la recherche de l'unité africaine, car il s'agit d'une utopie mobilisatrice et opérationnelle à condition qu'elle intègre les exigences nouvelles que sont la démocratie, la protection sociale et le respect de l'environnement.

Notre texte est une tentative de réponse à cette interrogation. Il est formé de trois parties. La première réactualise les arguments en faveur de l'urgence de la formation de l'État-Afrique, la deuxième est une critique de la substitution d'une intégration économique en trompe l'œil au projet panafricaniste. La troisième fait des propositions pour un panafricanisme post-libéral dans la perspective postcapitaliste.

L'urgence de l'État-Afrique postlibéral

Aujourd'hui il existe un large consensus entre les économistes qui ont étudié les révolutions techno-scientifiques qui ont eu lieu en Corée du Sud et à Taiwan. Trois invariants se dégagent : il a fallu réaliser sur plusieurs décennies des taux d'investissement supérieurs à 20 % financés essentiellement par l'épargne intérieure ; des systèmes éducatifs et culturels qui permettent d'éliminer l'analphabétisme et de rendre obligatoire la scolarisation jusqu'à 15 ans (Sonk 1997:148-167)–le fait que l'enseignement se fasse dans une seule langue, séculaire et nationale, a facilité les choses ; enfin, une agriculture performante orientée dans son système productif, par le souci de faire de la sécurité alimentaire un des fondements de la sécurité nationale, de développer la campagne pour limiter l'émigration rurale et de sauvegarder un environnement productif.

Notre thèse est que plus que dans la phase sociale impérialiste des années 1950 à 1980, caractérisée par la reconnaissance du droit des États à réguler leurs économies, la mondialisation néolibérale est un projet sociétaire des États-nations de la triade sous hégémonie américaine. Elle ne résulte pas principalement de logiques économiques, n'est ni un processus achevé, ni irréversible. Son objectif principal est de bloquer le processus d'industrialisation dans le tiers-monde en affaiblissant leurs États et leurs sociétés. Il est donc dirigé autant contre le quart-monde qui devrait conserver une structure économique de sou- développement classique, que contre les économies dites émergentes ou semi-industrielles. Pour exécuter ce projet, la triade a décidé d'anéantir la capacité de l'État périphérique de mener des politiques économiques d'industrialisation ou plus précisément de révolution industrielle efficaces, en mettant en œuvre un certain nombre de mécanismes qui bloquent au sud accumulation intérieure et régionalisation.

La formation d'un marché financier unique

L'intégration financière exige qu'à l'échelle de la planète la rentabilité des capitaux soit identique en termes réels sur tous les marchés boursiers et monétaires au facteur risque près. En terme d'analyse économique la financiarisation traduit la prédominance du rentier sur le gestionnaire et bien entendu sur les producteurs. Il en résulte que pour la première fois dans l'histoire des capitalismes, toutes les entreprises sont contraintes de gérer selon l'objectif unique de la maximisation du profit à court terme (Noel 2000). Ce rentier est principalement aux États Unis. En 1999 le déficit de la balance des opérations courantes de ce pays était de 300 milliards de dollars (4 % du PIB)[2]. Remarquons qu'involontairement les salariés des centres alimentent cette financiarisation à travers les placements des caisses de pensions. « La valeur des actifs des régimes de pension à l'échelle mondiale était passée de 6000 milliards de dollars en 1992 à 9700 milliards en 1997. Les projections à l'horizon 2002 sont estimées à 13 700 milliards » (Banque mondiale, RDM 2001).

L'intégration financière a pour fonction de créer des flux d'épargne continus des périphéries vers les centres, flux qui viennent en complément de ceux qui sont dus à l'échange inégal, aux termes de l'échange, au remboursement de la dette, à la surexploitation des ressources naturelles (qui s'épuisent sans que le surplus ait permis de créer une capacité de structuration).

La libéralisation néolibérale des comptes courants réserverait l'exclusivité de politiques économiques et sociales efficaces, aux pays de la triade. Par conséquent la démocratie ne pourrait pas se développer au Sud (Tchuigoua 1994). La crise de l'endettement a servi de prétexte. La Banque mondiale et le FMI considèrent l'ouverture complète d'une économie du Sud aux flux financiers comme une condition d'admission au système du crédit international. L'autocritique de Joseph Stiglitz montre clairement que dans le cas de la crise financière est-asiatique, l'objectif le plus important pour les USA (agissant au nom de l'Occident) est de drainer l'épargne des PVD pour financer la croissance américaine, sinon européenne.

La formation de l'Organisation mondiale du commerce

C'est le deuxième instrument capital dans la mise en œuvre du projet diabolique. Sa formation apparaît comme la pièce maîtresse dans la lutte de la triade contre la formation d'États développementalistes au sud, notamment dans le quart monde. À la différence des premières institutions de Bretton Woods qui se sont arrogé des droits d'ingérence dans le tiers-monde, l'OMC s'apparente à un État supranational mais très partial dans l'élaboration des normes contraignantes qu'elle fait respecter par des tribunaux lorsque le plaignant est un pays développé, mais rarement quand c'est un pays en voie de développement. La clause de la nation la plus favorisée et l'obligation dans les régionalisations économiques d'établir au moins une zone de libre échange pour être reconnues, sont des contraintes fortes. D'ailleurs, le Traité de l'OMC fut arraché aux États du tiers-monde dans le contexte que décrit très bien Shafaeddin (2000:22). Il rappelle que les négociations de l'Uruguay Round furent menées et conclues durant une période où les membres du Groupe des 77 étaient en proie à la crise de l'endettement et aux problèmes politiques et économiques liés à la gestion d'une récession économique durable d'une part, et aux problèmes de la sécurité nés de la fin de la bipolarité stratégique, de l'autre. De plus ces pays n'avaient pas défini des objectifs et des stratégies propres, et n'étaient pas techniquement préparés pour des négociations très complexes. La plupart subissaient même des pressions relevant de chantage. Ainsi fut imposée l'ouverture rapide des frontières à la libre circulation des biens et des services, et le libre établissement des entreprises du secteur des services.

Les accords sur l'agriculture montrent que la triade ne recule pas devant les perspectives de famine dans les pays du sud : alors qu'en 1947, dans le Préambule des Accords du GATT, les États signataires s'engageaient à réduire les barrières commerciales tarifaires et non tarifaires et à éliminer les traitements discriminatoires, ils excluaient l'agriculture du domaine du libre échange, sans doute à cause des avantages potentiels du tiers monde. Mieux, en 1955 les États-Unis avaient obtenu de faire jouer leur Agricultural Adjustment Act de 1933, qui leur permettait d'augmenter les tarifs et de fixer des quotas. De son côté l'Union européenne s'était opposée par la suite à l'inclusion de l'agriculture dans le Tokyo Round. Or le traité de l'OMC considère la protection de l'agriculture comme incompatible avec la croissance économique mondiale. D'ailleurs, bien avant 1994, la fin du soutien à l'agriculture figurait en bonne place des conditions imposées par le FMI et la Banque mondiale aux pays en proie à la crise de la dette. Donc l'OMC est une machine qui légalise l'asphyxie des agricultures du tiers-monde et la dévalorisation accrue de leurs produits d'exportation. D'ailleurs la concurrence fait rage entre les pays africains et asiatiques sur les marchés mondiaux du café, du cacao et de l'huile de palme. La Banque mondiale soutient cette concurrence en conseillant les nouveaux venus et en contribuant au financement de leurs projets. Le 4 avril 2001 le ministre des Finances de Guinée Conakry s'est réjoui que la Banque mondiale finance un projet d'exploitation diamantaire dans son pays pour concurrencer les pays voisins producteurs. Remarquons pourtant que cinq ans après l'entrée en vigueur de l'OMC, les gouvernements de la plupart des pays industriels continuent à protéger leur agriculture non seulement au nom de la sécurité alimentaire, mais aussi par des tarifs, des quotas, des politiques de revenus et de subventions qui favorisent leurs agricultures. Selon les estimations de l'OCDE, en 1999 le montant des dépenses de soutien aux agricultures des pays membres était de 362 milliards de dollars, équivalents à 3,7 des exportations totales du continent africain et à presque au quart des exportations des pays en voie de développement en 1996. À titre de comparaison également, l'aide publique des pays de l'OCDE à l'ensemble des pays en voie de développement était de 50 milliards dont 12 milliards seulement pour les PMA.[3]

Le procès que 39 firmes pharmaceutiques américaines et européennes ont intenté à l'Afrique du Sud illustre plus que tout discours la fonction attribuée à l'OMC. Sur un continent ravagé par le Sida, ces firmes veulent interdire aux entreprises sud-africaines de fabriquer des médicaments génériques pour soigner les malades à raison de 400 dollars par an au lieu de 20 000 à 30 000. Au nom de la supériorité de principe du profit sur celui de la santé, elles exercent partout les pressions sur les gouvernements de la triade pour qu'ils soutiennent leur cause. On peut citer aussi la clause de l'OMC sur les produits agricoles. Elle enlève aux pays du sud le droit de protéger leur agriculture alors que les centres subventionnent la leur pour environ 300 milliards de dollars américains par an.

La formation de méga-entreprises issues des fusions et acquisitions croisées au sein de la triade

Le capitalisme techno-scientifique qui émerge dans les pays développés présente des caractéristiques qui le distinguent radicalement des phases antérieures. C'est l'entreprise géante privée et transnationale qui est au cœur de la mutation. Pour Beaud (1996) dont nous partageons la thèse, « après la fulgurante Ascension et le récent retrait du seul challenger des temps modernes, l'étatisme, notre siècle s'achève sur de nouvelles avancées du capitalisme : sous ses formes industrielles, il est devenu le vecteur de la modernisation de larges parties du tiers-monde, l'Asie notamment ; sous sa forme intégrant la techno-science, conçue et développée par des entreprises géantes soucieuses de disposer en exclusivité de techniques opérationnelles, il est devenu le principal acteur du façonnement du monde et des sociétés ». L'adjectif techno-scientifique désigne selon lui la place qu'occupe désormais dans la dynamique de la croissance, la mobilisation de la science orientée vers la conception et la mise en œuvre de technologies dans la perspective de la production marchande pour le profit. « Cette mobilisation par les puissants groupes oligopolistiques mondiaux qui sont en relation avec des moyennes entreprises, suscite des techniques opérationnelles dans les champs les plus variés, mais seulement pour des usages susceptibles de rencontrer une demande solvable. De plus le transfert à l'ordinateur de propriétés du cortex humain permet de confier à la machine non seulement des tâches répétitives à exécuter, mais des décisions jadis réservées aux êtres humains comme l'octroi du crédit aux particuliers, le pilotage automatique d'avions, l'enseignement interactif, etc. » Certes la concentration du capital est une caractéristique fondamentale du capitalisme, à tel point que Lénine (1916) et Hilferding mirent en évidence le passage autour des années 1880 du capitalisme concurrentiel au capitalisme monopoliste et que dans les années 1930 l'éminent économiste Robinson (1936) développa la théorie de la concurrence imparfaite ; plus tard l'historien de la longue durée Fernand Braudel (1985:78) soutint que le capitalisme a toujours fonctionné avec un étage d'entreprises de production de moyennes et de petites dimensions et un étage de grandes entreprises qui captent le surplus en construisant souvent des réseaux. Mais aujourd'hui, un seuil critique est franchi sur deux plans. En premier lieu les grandes firmes transnationales sont devenues énormes. En 1997, le capital consolidé des cent premières méga-entreprises mondiales se montait à 4200 milliards de dollars américains, les parts étant respectivement de 48,2 % pour les vingt premières, 32,6 % pour les 10 premières, et 24,2 % pour les cinq premières (2000). En 1999, 80 % du produit industriel mondial provenaient de mille entreprises seulement ! En second lieu, une nouvelle polarisation Nord/Sud se met en place. La transnationalisation du capital, c'est-à-dire la décentralisation du pouvoir de décision localisé exclusivement au siège qui résulte du processus de fusions et acquisitions, s'opère uniquement au profit des pays de la triade. Selon les informations tirées du site Internet de la CNUCED (mars 2001), en 1999 la vénézuélienne Petroleos et la sud-coréenne Daewoo étaient les seules à figurer sur la liste des 100 premières méga-firmes. De même, la tendance à la concentration des investissements étrangers directs au sein de la triade se maintient. La part de l'investissement direct intra-triade était de 63 % en 1997 contre 61 % en 1988. Il est intéressant de remarquer que le pôle transatlantique est au cœur du phénomène : alors qu'en 1998 les investissements étrangers se montaient à 640 milliards de dollars, le Japon n'enregistrait que 24 milliards de sorties et 3,2 milliards d'entrées.

Le volume d'investissements nécessaires à la poursuite de ce processus est énorme. La participation du tiers-monde à ce financement s'opère certes par des mécanismes fort anciens comme l'échange inégal, le service de la dette, la détention des réserves en monnaies des pays du centre, mais aussi par la financiarisation fondée sur la libre circulation des capitaux et l'ouverture des marchés financiers locaux aux STN, avec pour effet nouveau le transfert légal de l'épargne locale du sud vers les marchés des capitaux bien structurés des pays du centre et bien rentables. Les déficits de la balance des payements et du budget américains jouent un rôle de premier ordre dans ce mécanisme de transfert comme nous l'avons vu plus haut.

La stratégie de la régionalisation à l'échelle de la triade
Tout en prônant la neutralité de l'État par rapport à la structuration du système productif, les pays développés préparent la révision du néolibéralisme, car il n'a pas établi un nouveau système stable. À cela trois raisons principales : a) Les crises sociales n'ont pas trouvé de solutions satisfaisantes ; les résistances au dé-

mantèlement du système de *welfare state* restent fortes en Europe continentale et même aux États-Unis le pouvoir démocrate est contraint de proposer–sans conviction il est vrai–la couverture médicale pour tous ; dans les pays semi-industriels, les résistances prennent souvent la forme de révoltes et de contestations des pouvoirs locaux. b) Le modèle asiatique se transforme, mais le concept de développement autocentré avec forte intervention de l'État continue à guider les politiques d'insertion dans le système mondial. c) Au plan stratégique, des pays comme la Chine et l'Inde n'adhèrent pas à la conception américaine.

La grande région ou le méga-État, et non plus la nation moyenne, sera le lieu principal de la maîtrise de la régulation économique. C'est surtout sur le terrain de la production techno-scientifique, et donc stratégique, que se situera cette compétition. Le nouveau système sera alors caractérisé par la compétition et la rivalité entre les ensembles asiatiques et occidentaux (ces derniers comprenant peut-être la Russie). Les régions qui seront en mesure de s'autostructurer en réponse aux crises sociales et politiques continueront à se développer et à bénéficier d'économies d'échelle.

L'exigence d'économies autocentrées deviendra exigence de civilisation. Du moins c'est ainsi que Chinois, Américains et Européens pensent le système mondial en gestation. C'est pourquoi les stratégies de sortie de crise se déroulent à deux niveaux. En premier lieu, la triade formée par l'Amérique du Nord, l'Union européenne et le Japon fournit un effort sans précédent de formation et de recherche/développement pour conserver le monopole de la techno-science ; et jusqu'ici elle y arrive. Mais en second lieu et pareillement, l'Europe accélère son processus d'intégration économique (et donc politique ?), les États-Unis forment l'ALENA et le Japon tente contre le gré des Américains d'être au centre d'une grande région asiatique dont la formation bouleverserait les équilibres mondiaux au XXIe siècle, notamment par la formation d'un pôle scientifique et technique, et donc stratégique, comparable à celui de l'Occident. Si l'Asie de l'Est acquiert son autonomie stratégique par rapport aux États-Unis, la mondialisation néolibérale apparaîtra dans l'histoire seulement comme une phase de transition entre l'étatisme économique universel de l'après-Deuxième Guerre mondiale et une période de régulation des marchés en cours de construction.

Mais les pays du quart-monde, qui ne profitent pas de la transition pour se fédérer en méga-États et s'industrialiser pour créer des capacités d'insertion active dans l'ordre mondial postlibéral, se marginaliseront davantage et subiront des pressions désintégrantes. Le pouvoir réel y appartiendra aux STN capables d'entretenir des potentats militaires dans les zones d'exploitation de ressources du sous-sol, des zones maritimes, et même forestières. Même l'agriculture d'exportation sera menacée. L'Afrique éprouvera de plus en plus de difficultés à répondre aux demandes politiques et sociales qui prendront des expressions de plus en plus identitaires ; elle s'émiettera davantage.

Échappera-t-elle à cette perspective apocalyptique ? Plus précisément se régionalisera-t-elle assez vite dans l'esprit panafricaniste pour se doter des moyens de recherches technologiques et de création scientifique ou bien ses dirigeants politiques, ses entrepreneurs, ses intellectuels, ses cadres religieux, ses syndicats, etc. assisteront-ils impuissants au désastre, en faisant semblant d'espérer que l'extérieur les sauve, au besoin par des accords bilatéraux verticaux, plus ou moins maquillés par des conventions comme celle de Lomé ?

La gestion de la misère technologique

Le néolibéralisme provoque une paupérisation ingérable. La substitution ration-nelle de la machine à l'homme dans l'économie de l'information fragilise le collec-tif de travail partout où elle s'introduit. Par certains côtés, le prolétariat post-industriel est aussi affaibli que celui de la période pré-industrielle. On sait qu'en Europe la première révolution industrielle fut précédée de l'accumulation primi-tive, caractérisée par le double mouvement de la décomposition des modes de production tributaires et la naissance d'un prolétariat pré-industriel émietté et taillable à merci d'un côté, et de la formation d'un nouveau prolétariat dit indus-triel, urbanisé, concentré dans les usines qui s'organisa pour obtenir progressive-ment une amélioration de la rémunération de la force de travail. L'un des som-mets de ce progrès fut sans doute atteint dans le cadre du compromis social démocrate de l'après-Deuxième Guerre mondiale. Dans les périphéries et plus spécialement dans le quart-monde, et donc en Afrique, le processus de la forma-tion d'un prolétariat pré-industriel a commencé depuis la colonisation. Il résulte de la croissance démographique et de la décomposition des modes de production communautaires ou tributaires, mais sans réel développement du prolétariat in-dustriel. C'est ce qui explique l'expansion démesurée du secteur informel urbain et la faible productivité agricole. Or voilà que certains sociologues ignorant la polarisation annoncent la fin des deux catégories de prolétariat au bénéfice des ingénieurs et des scientifiques.

> La population du monde va se scinder en deux forces irréconciliables et potentielle-ment conflictuelles : d'une part la nouvelle élite cosmopolite de manipulateurs de symboles (*symbolic analysts*) contrôlant les technologies et les forces productives, et d'autre part une masse croissante de travailleurs constamment ballottés, n'ayant que peu d'espoirs ou même de perspectives de trouver un emploi porteur de sens dans la nouvelle économie ultramoderne (Rifkin 1996:16).

L'Afrique subsaharienne est très faiblement connectée à la structure techno-scien-tifique mondiale. Le sous-continent ne dispose que de 20 000 scientifiques et ingénieurs environ (0,36 % du total mondial) ce qui correspond à un ratio d'un ingénieur ou d'un scientifique pour 40 000 habitants contre un pour 100 en moyenne dans les pays développés. Les publications scientifiques ne correspon-dent qu'à 0,8 % du total mondial. Plus grave encore, la situation se détériore surtout depuis l'application des politiques de réduction des dépenses publiques. C'est ainsi que les dépenses en recherche/développement, déjà insignifiantes (moins de 1 % contre 3 % dans les pays développés) sont en diminution ; la fuite des cerveaux qui a déjà atteint la cote d'alerte avec 30 000 Africains de niveau Ph.D hors du continent, risque de s'accélérer tellement le ratio des étudiants inscrits dans les universités américaines ou européennes reste élevé (Angola 38,5 %, Cameroun 25,2 %, Congo Brazzaville 32 %, Gabon et Ghana 38,8 %, Tanzanie 42 %). Le matériel de recherche et de formation est souvent obsolète, l'infrastructure se détériore, particulièrement dans les pays en guerre. La régionalisation panafricaniste s'impose particulièrement dans ce domaine.

Le contrôle extérieur des ressources naturelles, notamment pétrolières

LA dévalorisation des ressources naturelles qui fait partie de la dynamique du capitalisme s'accélère depuis trois décennies. Simultanément le capitalisme techno-scientifique national et impérialiste accroît le pouvoir de contrôle des sociétés transnationales et de la triade sur les ressources naturelles de la périphérie et singulièrement sur les hydrocarbures et certains métaux stratégiques pour les industries de l'espace et des fonds marins. Prenons le cas de l'Afrique. Dans le domaine des hydrocarbures, elle fournit 10 % du pétrole mondial (351 millions de t. en 1999) et ce pourcentage n'a pas évolué depuis deux ans. Sans marché organisé, sans technologie, les producteurs africains sont soumis aux demandes européennes et américaines. La décision échoit surtout aux grandes compagnies qui déterminent le rythme de la production. Les stratégies d'économie d'énergie par unité de PIB, de stockage et de substitution sont mises en place par les pays développés.

La stratégie de concentration pour acquérir des positions de monopsones et de monopoles est une des clés du succès de la politique de dévalorisation que pratique le capitalisme techno-scientifique dans le secteur des hydrocarbures. Fusions et acquisitions se multiplient. Depuis la crise pétrolière de 1973-74 les majors se regroupent pour rester compétitifs et augmenter leur puissance. Après les regroupements dont les plus significatifs ont eu lieu entre PB AMOCO et APCO, EXXON et Mobil, Total Petrofina et Elf, Chevron et Texaco, les actifs des super majors dépassent 80 milliards de dollars. Ces moyens financiers énormes leur permettent de monopoliser les technologies d'exploration et d'exploitation du pétrole ; de rendre formelle la propriété d'entreprises publiques dans ce domaine et de réduire à néant la rente pétrolière. Ils peuvent réguler la production du pétrole par les quantités et les prix et éviter par-là la formation de puissances pétro-financières.[4] En accord avec les États de la Triade, ces méga-firmes explorent en priorité le pétrole en dehors du monde arabo-musulman. De plus, grâce aux nouvelles techniques d'exploration et d'exploitation des fonds marins, la part du pétrole offshore peu sensible à l'instabilité politique, augmente. C'est ainsi que malgré une guerre civile qui ronge le pays depuis plus de trente ans, l'Angola reste un haut lieu de l'exploration mondiale dans l'offshore, avec un taux de réussite de 60 à 70 % quand la moyenne mondiale ne dépasse pas 10 %. Comme au Nigeria, le offshore permet aux opérateurs de se mettre à l'écart des conflits. Le pouvoir hypothèque cependant la rente et s'endette. « Le problème est que la compagnie nationale Sonangol, concessionnaire de l'ensemble du domaine pétrolier, ne peut pas gager sans fin sa part de production future sur le brut ».[5] Cette stratégie explique que les réserves pétrolières offshore du Golfe de Guinée (qui s'étend de la République de Guinée à l'Angola) deviennent comparables à celles du Moyen Orient arabe. Elle n'est pas étrangère aux conflits armés qui y sévissent. L'un des objectifs des PAS est de forcer les États à privatiser le secteur minier, à se dégager de l'exploration et donc de l'acquisition des techniques pour se cantonner sur la définition des grandes orientations de politique minière, sur la connaissance du sous-sol ainsi que sur la réglementation et son application. Cette politique conforme aux accords de l'OMC est facilitée par la faible consommation locale et la forte dépendance des pays producteurs sur les recettes d'exportation.[6] Les méga-firmes pétrolières pratiquent l'ingérence politique et la corruption systématique des dirigeants. Le rôle néfaste de la Compagnie Elf dans la guerre civile du Congo Brazzaville en 1997 a été remarquablement exposé par Vershave (2000). Ces entreprises traitent directement avec les chefs d'État, entraînant la tendance à la déliquescence de l'État en Algérie, au Nigeria, au Congo et en Angola. Est-il possible d'inverser l'ensemble de ces tendances par l'intégration des marchés africains ?

La régionalisation en trompe l'œil

L'anti-panafricanisme politique et théorique est non seulement vivant mais il est dominant depuis sa victoire inscrite dans la Charte de l'OUA en 1963, amendée dans un sens très conservateur en 1964. La résistance par la critique doit se pour-suivre. Il est essentiel de mettre le doigt sur la supercherie de la régionalisation en trompe l'œil qui consiste en une rhétorique panafricaniste et en la multiplication des zones d'intégration économique dont personne ne se soucie ni de l'efficacité ni de la cohérence. Les Sommets des chefs d'État sont théâtralisés tous les ans pour faire croire que le panafricanisme est en marche alors qu'on n'assiste même pas à l'amorce de la formation de véritables régions économiques et encore moins à des unions politiques. Rien n'indique que les initiatives en cours, l'Union afri-caine, Plan Omega, Renaissance africaine, marquent une rupture avec la culture du faire semblant. Nous aimerions, au cours de cette conférence approfondir le débat idéologique et théorique pour mieux apprécier ces initiatives. Commençons par la critique de l'économisme de droite.

L'intégration économique néoclassique domine le discours académique

Elle a été conceptualisée dans deux contextes successifs : celui de l'économie internationale de l'après-guerre et de celui de l'intégration des marchés sauf celui du travail. Dans les deux contextes, l'économie néoclassique se donne un objet partiellement imaginaire.

(1) Dans le premier les économies sont supposées autocentrées dans la mesure où les politiques économiques y soumettent les relations extérieures aux exigences de la cohérence du système productif interne ; les marchandises sont mobiles, tandis que les facteurs de production restent fixes comme l'avait supposé Ricardo. Dans une économie internationale ainsi caractérisée, où les salaires tendent à s'égaliser, ce sont les rapports de productivités aux salaires qui déterminent le degré de compétitivité. Le libre échange permet de maximiser le taux de croissance de l'économie mondiale. Pour Viner (1950) qui élabore la théorie de l'intégration commerciale dans ce cadre, une zone d'union douanière est intéressante pour l'économie mondiale si elle entraîne une création de commerce (la zone provoque une augmentation des importations de pays à faible coût de production relatif) et non pas détournement (déviation des importations d'une économie à faible coût au profit d'un concurrent à coûts relatifs élevés). La préférence commerciale n'est envisagée qu'à titre exceptionnel.

Cette théorie n'est pas scientifique. D'abord elle ne permet pas de comprendre la formation du marché commun européen, puis de l'Union européenne, pour la simple raison que les déterminants politiques ont été plus importants que le calcul des gains mercantiles. C'est la géopolitique mondiale qui donne sa rationalité à la construction européenne (rapports avec les États-Unis), par la présence de l'ex-URSS, la montée en force du tiers-monde depuis la Deuxième Guerre mondiale). Ensuite Viner ne pense pas le capitalisme de l'après-Deuxième Guerre mondiale, comme capitalisme autocentré national, social et impérialiste. Il exclut donc de son champ théorique la problématique de l'intégration économique entre économies autocentrées et économies extraverties. Extraversion qui explique l'échec de presque toutes les tentatives d'imitation de la construction européenne qui ont été tentées au Sud. En Afrique cet échec s'est accompagné de l'inflation des « communautés économiques » sous l'égide de l'OUA soutenues par la CEA-ONU et même par l'Union européenne. Cette inflation, c'est ce que nous avons appelé la régionalisation en trompe l'œil. Ce divorce entre la théorie et l'action était d'autant plus lourd de conséquences qu'il eut lieu à une époque où les États pouvaient en principe décider de construire collectivement des espaces d'économies autocentrées. Le keynésianisme régnait alors sur les sciences économiques et refoulait le fétichisme du marché et la diabolisation de l'État.

(2) Dans le second contexte, celui dit de la mondialisation néolibérale, l'économiste néolibéral émet deux grandes hypothèses : la libre circulation des marchandises, de l'information et des capitaux entraîne la disparition d'économies

autocentrées, et la formation de centres de décisions qui échappent à tous les États qui n'ont alors que le choix d'inscrire leurs territoires dans la compétitivité systémique. C'est l'économiste allemand Esser (1999) qui a synthétisé la pensée néoclassique sur ce point. Un territoire est compétitif s'il attire les compétences techniques et entrepreneuriales et fixe les capitaux. Une bourse des valeurs dynamique devient un indicateur important de la compétitivité d'une économie. Les États attribuent aux collectivités territoriales des pouvoirs économiques suffisants pour que chacune puisse apparaître sur le marché mondial pour son propre compte (localisation de la mondialisation). Dans cette théorie, les productivités du travail tendent à converger dans les segments économiques les plus mondialisés, tandis que les rapports des salaires aux productivités restent très inégaux entre centres et périphéries. Ce qui fait que la consommation se concentre dans les centres. Mais entre les économies du centre, les réductions des charges sociales, des impôts, des coûts de la pollution supportés par les entreprises, des coûts de transaction, etc. font partie des stratégies de la compétitivité systémique. Cette évolution rend Viner caduc, même au niveau du simple exercice intellectuel. On parle en effet de *nouvelle régionalisation*. Mittelman (1996) la présente ainsi : du fait que l'État national autocentré doit partager son pouvoir de décision économique avec des autorités supranationales, à l'exemple de la Commission européenne, mais aussi avec des sous-régions infra-nationales, la nouvelle régionalisation s'inscrit dans le respect des règles de l'OMC. Elle n'est efficace que comme zone de convergence de politiques économiques ou de soumission aux critères de convergence au minimum dans les domaines monétaires et budgétaires. Le rôle des universités, des grandes Écoles et des Instituts de recherche appliquée est de soutenir les politiques nationales dans la compétition. Quant aux sous-régions infra nationales, elles peuvent se faire concurrence pour attirer capitaux et technologies des STN, et l'entreprenariat des PME, notamment dans le domaine des nouvelles technologies. La nouvelle régionalisation ne peut s'appliquer au Sud qu'à la condition que la construction supranationale avance plus vite que la sous-régionalisation infra nationale ; sinon c'est le chaos pour l'Afrique. Le géographe Igué (1995) voit avec sympathie la formation de régions frontalières actives, en ce sens qu'elles seraient des maillons de l'unité. Ce n'est pas évident, car il n'y a pas d'amorce de régionalisation transnationale.

D'un point de vue économiciste on peut soutenir que l'ALENA impose au Mexique une discipline qui le prépare à la mondialisation complète après une période d'industrialisation tournée vers le marché intérieur. Et si l'alignement de la politique macro-économique sur celle des États-Unis était plutôt un obstacle à l'industrialisation ; et si de plus la fonction essentielle de l'ALENA pour les États-Unis était d'empêcher la formation une région autonome d'Amérique du Sud avec le Mexique et le Brésil comme piliers ? La théorie néo-classique ne peut rien nous apprendre à ce sujet.

La rhétorique de *self reliance*

En Afrique postcoloniale, la problématique théorique et pratique de la régionalisation s'est inscrite successivement dans le contexte du développementalisme jusqu'en 1980 et ensuite dans celui de l'ajustement à la mondialisation néolibérale. Dans le premier contexte, la régionalisation entrait dans le champ des stratégies volontaristes de développement autocentré impulsés par les États en régime d'économie mixte non autarcique ; le GATT (avec des règles souples) étant un cadre des négociations sur le commerce international reconnaissant la distinction entre pays du Centre et ceux de la périphérie. Le second contexte est marqué par les négociations entamées en 1986 et conduisant à la formation de l'Organisation mondiale du commerce (OMC). Or l'OMC impose des règles strictes en matière de régionalisation économique entre pays, sans distinction de catégories. Anticipant cette rupture entre le GATT et l'OMC, le Rapport Berg, commandité par la Banque mondiale et devenu depuis le début des années 1980s la bible des politiques socio-économiques en Afrique, ne mentionne pas l'intégration économique parmi les facteurs de la croissance économique stable préconisée. Et si la Banque mondiale l'introduit en 1989 dans sa perspective décennale des économies subsahariennes, c'est en passant sous silence la contradiction fondamentale entre l'ouverture maximale de chaque économie sur les économies des centres et ce dynamique régionaliste en Afrique.

Les États africains paraissent insensibles aux bouleversements introduits par l'Uruguay Round et la création de l'OMC. Leurs objectifs affichés de coopération et l'intégration économique ont été et continuent d'être présentés autour du développement collectif autocentré, pratiquement dans toutes ses dimensions à l'exception de l'union politique ; et même cette dernière y a été intégrée avec la formation en juillet 2000 de l'Union africaine. Il s'agit (a) de surmonter l'obstacle considéré comme majeur de la petite taille des économies face à l'exigence d'accélérer la construction de systèmes productifs par l'industrialisation, la modernisation des techniques agricoles, l'expansion d'infrastructures de transport et de communications, d'éducation, de santé, etc., (b) d'élever le niveau de vie matériel et culturel de l'ensemble de la population jusqu'à rattraper celui des centres.

Le concept de *self reliance* structure toujours les grands textes de la coopération économique régionale. C'est ainsi que, paradoxalement, avec leurs économies de plus en plus mondialisées, les chefs d'État africains affirmèrent dans le traité d'Abuja de 1991 comme dans le Plan d'Action de Lagos dix ans plus tôt que l'Afrique avait besoin d'un développement *self reliant* et *self sustaining*, tiré par la demande interne et intrarégionale. Position en contradiction avec leur soumission aux Programmes d'ajustement structurel (PAS) fondés sur le paradigme selon lequel la formation d'un marché mondial unique et autorégulateur lève l'obstacle de la petite taille et déqualifie les politiques de développement autocentré au profit de celles de la compétitivité des produits à l'exportation, et de la construction de territoires compétitifs pour les investissements. Certaines classes dirigeantes et États africains n'ont pas compris que les fameux PAS sont en contradiction avec la régionalisation pour le développement. Cette sorte d'indifférence à l'histoire s'explique par le rôle prépondérant d'acteurs externes et le rôle marginal que jouent les classes sociales locales et surtout les États dans la formation des zones d'intégration économique en vigueur en Afrique.

En somme, même si la bourgeoisie n'a plus d'idéologie propre, les structures économiques et sociales et l'usage courant des concepts forgés par les théoriciens de la dépendance lui interdisent de faire de l'idéologie du marché autorégulateur un thème mobilisateur. La tentation est grande d'ailleurs de chercher à combler ce vide par des discours creux sur le *retour aux sources* et l'exaltation des valeurs religieuses et traditionnelles, tout en esquivant le problème de l'autonomie du développement panafricaniste.

Le rôle marginal des États africains dans le fonctionnement des institutions d'intégration économique

Les arrangements régionaux les plus solides en apparence sont ceux qui sont liés à la France et à l'Afrique du Sud (quand elle était encore sous le régime de l'apartheid). Les moins solides sont ceux qui sont institués par l'OUA et soutenus notamment par l'Union européenne.

1. Les organisations régionales soutenues par l'Europe et/ou liées à la France

Pendant la colonisation, l'Angleterre et la France avaient intégré certaines de leurs colonies dans des fédérations politiques ou dans des communautés économiques multidimensionnelles. Les Anglais ont laissé éclater ces structures sans chercher à leur en substituer d'autres plus gérables. Par contre si la France a fait éclater les fédérations, elle a mis en place des zones d'intégration économique en Afrique centrale (UDEAC) et en Afrique occidentale (CEAO), devenues la CEMAC (Communauté économique de l'Afrique centrale) et l'UMOA (Union monétaire ouest-africaine). La première comprend la Guinée Équatoriale, l'ancienne colonie espagnole devenue exportatrice de pétrole ; et la seconde, la Guinée Bissau qui pourrait le devenir. La pierre angulaire de ces unions est l'adoption de monnaies liées à la France par une parité fixe. Il faut cependant remarquer que chaque membre de la zone monétaire est lié par un accord bilatéral à la France à qui revient exclusivement le droit de modifier cette parité. De plus, les États de la zone ne doivent en aucune manière se servir de la monnaie comme instrument d'industrialisation et de développement agricole. Lorsqu'un renforcement des rapports entre les États membres s'opère, l'initiative en revient à la France qui en assure le financement. Ainsi en est-il de l'harmonisation des droits des affaires qui est en cours dans les deux unions. Personne ne pense qu'elles pourraient survivre en cas du retrait de la France. En effet les relations entre la France et chaque pays membre sont déterminantes dans son insertion à l'économie mondiale. La France est le premier partenaire commercial, le premier investisseur étranger ; tout en s'alignant sur les exigences du Consensus de Washington, elle intervient pour soutenir les « gouvernements amis » lorsqu'elle estime que ses intérêts vitaux sont en jeu. Plus généralement la Françafrique, mise en place au cours de la décennie 1960, fonctionne de manière autonome. Elle est formée d'élites locales et françaises qui réussissent à faire en sorte que les pays francophones ne prennent jamais de mesures d'envergure dans la direction du rapprochement avec les pays francophones. La Françafrique a agité l'épouvantail de la domination anglo-saxonne pour justifier son soutien au régime rwandais qui préparait le génocide, en invoquant le fait que l'opposition armée basée en Ouganda était anglophone et pro-américaine. La véracité de cette analyse ne justifiait pourtant pas un tel soutien (Vershave 2000; Péan 1983).

De fait, le Nigeria, pays à cheval sur les deux zones, qui présente un potentiel d'accumulation très supérieur à l'ensemble, tente de jouer un rôle moteur en Afrique de l'Ouest. À la suite de l'attitude favorable de la France et de ses principaux alliés francophones à la sécession biafraise, il a défini une politique ouest-africaine qui reste constante malgré l'instabilité du pouvoir (Akinboy 1998). Ses dirigeants qui ont constaté que la France avait peur du géant régional et cherchait à le contrer par le démantèlement et non pas par la promotion de la fédération des pays francophones, voudraient régionaliser l'Afrique de l'Ouest pour évincer ou à tout le moins neutraliser la France. Ces considérations géopolitiques expliquent en partie la neutralité des États-Unis à l'égard des interventions nigérianes au Liberia, en Sierra Leone et en Gambie. Sans doute l'un des produits les plus importants de cette rivalité franco-nigériane fut le dynamisme de la CEDEAO, zone d'intégration économique sans doute la plus crédible parmi celles que les Nations Unies et l'OUA ont sponsorisées. Mais sa survie n'est pas assurée.

2. En Afrique australe, ce sont les intérêts économiques de l'Afrique du Sud et géostratégiques de l'Union européenne qui ont structuré les arrangements régionaux.

Dès la fin de la guerre anglo-boer en 1910, une union douanière de l'Afrique australe ou Southern African Custom Union (SACU) et une zone monétaire commune ou Common Monetary Area (CMA) regroupant le Swaziland, le Botswana, le Lesotho et la Namibie furent formées en même temps que l'Union sud-africaine. L'Afrique du Sud en était le pivot local. L'accession à l'indépendance de la Namibie et des protectorats anglais n'avait entraîné au temps de l'apartheid que le retrait formel du Botswana de la zone monétaire ; la fin de l'apartheid n'a pas modifié véritablement leur contenu. Dans l'Afrique australe post apartheid les économies des autres pays membres de la SACU restent dans une situation de très forte dépendance à l'égard de l'Afrique du Sud qui absorbe 98,6 % de leurs exportations et fournit 99 % de leurs importations. Et pourtant l'Afrique du Sud ne peut pas être un moteur de croissance. Son économie n'est pas compétitive sur le marché mondial. Ses exportations sont dominées par des produits primaires agricoles et miniers. L'or compte pour environ 15 % des exportations et environ 15 % des recettes budgétaires courantes proviennent de l'or. La chute du prix de l'once d'or de 10 dollars entraîne une chute des recettes d'exportation d'environ 160 millions de dollars (Marais 1998:48). En 1997, les produits manufacturés re-présentaient 43 % des exportations contre 87 % en Corée du Sud.

3. L'Union européenne fut à l'origine de la Southern Africa Development Coordination Conference (SADCC) dont l'objectif déclaré était de réduire significativement la dépendance économique des pays membres de l'Afrique du Sud sous le régime de l'apartheid, spécialement dans le domaine des transports. Le soutien scandinave était décisif pour le fonctionnement du Secrétariat. Avec la fin de l'apartheid, la SADCC est devenue Southern Africa Development Community (SADC) et cela sans que de vrais débats contradictoires aient eu lieu.

La SADC a-t-elle un avenir ? Les anciens membres sont liés à l'UE par les accords de Lomé et de Cotonou. Plus grave, l'Accord de libre-échange avec l'UE que l'Afrique du Sud sous Mandela avait négocié et que le Président Mbeki a signé, montre d'ailleurs que pour les dirigeants sud-africains l'avenir réside dans la soumission aux règles de l'OMC et non dans la constitution d'une zone d'économie autocentrée en Afrique australe. Il n'est d'ailleurs pas évident que le terme Afrique australe recouvre une réalité en perspective. En effet la formation d'une zone de libre échange de l'océan Indien est envisagée favorablement par certains milieux influents sud-africains et la perspective d'un accord de libre-échange avec les États-Unis n'est pas écartée. La Namibie et surtout l'Angola renforcent leur coopération transatlantique avec le Brésil.

4. L'OUA soutenue techniquement et financièrement par les Nations Unies (CEA), a institué en Afrique des *Communautés économiques* dans chacune de ses 5 régions, bien que celle de l'Afrique du Nord n'ait jamais eu de secrétariat, et fût-il sans influence contrairement aux autres. L'implication de la CEA dans les tentatives d'intégration fut stimulée en 1979 dans le cadre de la préparation de la Troisième décennie des Nations Unies pour le développement (1980-1990). La conférence des ministres africains convoqués à cet effet opta pour « la décennie du développement industriel pour l'Afrique ». Cette déclaration fut ensuite entérinée par les chefs d'État, avant d'être adoptée en 1980 comme Plan d'Action et Déclaration de Lagos. Pour célébrer le 10e anniversaire du ce plan mort-né, on a signé le Traité d'Abuja qui ne propose pas moins que la formation d'une *Communauté économique continentale* en 30 ans, et cela sans aucun diagnostic de l'abandon du premier.

Que valait l'expertise de la CEA pour des économies capitalistes ? Elle avait une approche technocratique, de planificateur sans entrepreneurs. Les stratégies d'industrialisation continentale étaient fondées sur l'identification des branches prioritaires et des liaisons intersectorielles à établir dans chaque sous-région.

Aryeetey et Oduro (1996) auxquels nous empruntons la présentation ci-dessus concluent ainsi leur appréciation sur l'approche CEA, OUA, UNIDO. « Ces institutions ont reconnu le besoin d'un développement industriel intégré fondé sur des branches prioritaires. Cependant, s'agissant des opérateurs, l'approche a trop privilégié les institutions situées à la périphérie de la production et négligé le problème crucial de l'entreprise. En particulier l'entreprise privée est absente des projets d'industrialisation ».

Bilan et perspectives

Dans l'ensemble, les projets potentiellement communautaires d'infrastructures d'accroissement de la production n'ont pas été réalisés même dans le cas de la SADCC. Les échanges intra-régionaux, indicateurs par excellence du développement de la régionalisation sont restés marginaux dans toutes les régions (Aryeetey 1996:35). Même dans la CEAO-UEMOA où la part du commerce intra-régional atteint 10 % des exportations régionales, l'essentiel est dû à deux pays, la Côte d'Ivoire et le Sénégal. En fait la tendance générale est au déclin. Si l'ECOWAS semble échapper, c'est parce que l'UEMOA/CEAO est un sous-ensemble et que ses performances se répercutent sur l'ensemble de la région. La COMESA dispose maintenant d'institutions telles que The Trade and Development Bank for Eastern and Southern Africa, The PTA Clearing House, The PTA Fédération of Chambers of Commerce and Industry. Mais le commerce communautaire tend à décroître. En l'absence d'entreprises locales de grande envergure, en dehors de l'Afrique du Sud, il n'y a évidemment pas de flux d'investissements intra-communautaires.

Dans le domaine des relations Nord-Sud, aucune zone d'intégration économique n'a tenté de construire un front en vue de modifier les rapports de force dans les négociations. Ce domaine est exclusivement laissé au multilatéralisme et au bilatéralisme. Prenons deux exemples : dans le domaine de la gestion du surendettement une question aussi cruciale que celle de la sous-régionalisation des négociations avec les Clubs de Paris et de Londres n'a jamais été soulevée ni à la CEDEAO, ni à l'UEMOA, à la SADCC ou au COMESA. Les membres de ces zones ne soulèvent pas non plus la question des délégations régionales et non sous-régionales aux travaux de l'OMC. Dans ce contexte, la formation de zones de libre échange eurafricaines (Accords de Cotonou) et/ou afro-américaines (African Bill) ne sont pas de nature à favoriser le régionalisme en Afrique, sauf si pendant une longue période l'Afrique déroge aux prescriptions de l'OMC. Dans le cas contraire ces accords auraient surtout pour effet de stabiliser les centres et de créer le chaos en Afrique.

Propositions néopanafricanistes

Il est clair que la substitution de la problématique de l'intégration économique à celle du panafricanisme renvoie à une conception doublement erronée. Le développement économique serait avant tout un problème économique ; ce qui signifie que la coopération peut se développer, abstraction faite d'une perspective commune partagée par les gouvernements membres et les peuples. Ce qui est impossible depuis que la démocratie et le principe de l'autodétermination sont devenus constitutifs de la modernité. Est aussi erronée l'hypothèse que l'intégration des marchés est un facteur de croissance et de diversification économique ; alors que l'expérience montre que c'est la croissance forte, notamment dans les pays pivots qui entraîne celles des autres pays membres et par conséquent l'intensification des échanges.

Le panafricanisme classique et son bilan

Depuis le XIVᵉ siècle, l'Afrique a été précipitée par l'Europe dans une grande crise globale qui dure toujours. Elle comporte bien entendu plusieurs phases. Pendant la première, du XIVᵉ au XVIIIᵉ siècle, de petites unités politiques compradorisées par la traite négrière se formèrent dans les régions côtières et se substituèrent progressivement aux grandes unités autocentrées à noyaux continentaux. Pendant cette période, le capitalisme national impérialiste s'amorçait en Europe sous le nom de mercantilisme. La deuxième phase qui dura à peine un siècle, fut celle de l'occupation directe ou phase coloniale. Ce fut une période décisive, car c'est au XIXᵉ siècle que s'accomplit la révolution technologique capitaliste, qui lui donna une période stratégique décisive et permit à l'Europe d'occuper la Chine. La place de la mondialisation d'alors fut décidée à la fameuse Conférence de Berlin (1884-85), au cours de laquelle les puissances européennes se partagèrent l'Afrique en fonction de considérations exclusivement géostratégiques et économiques (Rodney 1972) ; comme si les peuples à insérer dans les territoires limités par les parallèles et les méridiens n'avaient pas d'histoire (ce que disait le grand philosophe Hegel) et qu'ils n'avaient pas droit à des avenirs propres (Igue 1994). La troisième phase est marquée par une Afrique indépendante mais balkanisée puisque respectueuse des frontières fixées à la Conférence, au moment où se forme le transatlantisme comme pilier essentiel de la triade. Depuis le début des années 1970, la coopération politique intra-triade s'est considérablement développée sous l'hégémonie américaine. Autrement dit la capacité de l'Euramérique de maintenir l'Afrique dans sa crise augmente considérablement. La permanence de cette grande crise signifiant l'échec total de construire 53 États-nations ou même 5 confédérations. Pour les panafricanistes convaincus, l'existence d'un État-Afrique s'impose encore plus aujourd'hui qu'hier.

Le panafricanisme classique fut formulé dans le cadre des luttes anti-impérialistes africaines et tiers-mondistes de l'après-Deuxième Guerre mondiale.

L'aspect rassemblement des peuples noirs d'Afrique et d'ailleurs dans un État ou un groupe d'États d'un même peuple-nation, qui caractérisait le mouvement à ses origines,[7] n'a pas disparu ; mais le peuple en quête d'un seul État était devenu plus difficile à définir. Si Diop (1981) consacra sa vie à la recherche d'une histoire commune au peuple noir d'Afrique, et Senghor[8] au développement du concept de négritude dans le cadre d'une région englobant l'Europe et l'Afrique noire, Nkrumah comme Nyerere[9] considéraient Nasser comme un meilleur panafricaniste que Senghor. En sorte que pour eux le peuple en quête d'État n'était autre que toute la population africaine dan sa diversité en lutte contre l'impérialisme capitaliste. La récupération de l'initiative historique devait passer par l'effacement des effets paralysants de la Conférence de Berlin, par une définition des frontières externes par ses peuples. Mais la nature de l'État resta en suspens, comme pour dire « union d'abord, luttes de classes ensuite s'il y a lieu ». Cependant, des clivages étaient visibles. Selon M'bokolo (1985:355), le panafricanisme classique trouva en Nkrumah son théoricien le plus lucide, le plus rigoureux, et son militant le plus actif sinon le plus désintéressé. « D'une part, écrit-il, le panafricanisme cessa d'être confondu avec le pannégroisme de Dubois ou de Garvey pour devenir un projet politique de l'unité africaine pour des raisons économique, politique et historique, et d'autre part, il lui donna un contenu anticapitaliste et socialiste sans ambiguïtés ». L'initiateur de la Confédération Ghana/Guinée/Mali, n'écrit-il pas lui-même « La lutte contre l'impérialisme a lieu à l'intérieur comme à l'extérieur du monde capitaliste. Il s'agit d'une lutte entre le socialisme et le capitalisme » ; avant d'ajouter « Seul le socialisme peut mettre fin à l'exploitation capitaliste impérialiste » (Nkrumah 1972:102). C'est certainement dans cette perspective qu'il faut se placer pour revisiter le panafricanisme.

À l'époque de Nkrumah, le socialisme paraissait assez facile à définir. La situation coloniale rendait le nationalisme africain, notamment de gauche, peu attentif aux critiques du stalinisme. Était-il possible de faire autrement tout en assumant des responsabilités politiques importantes ? Rien de moins évident. Le choix semblait être entre l'acceptation du néocolonialisme, le populisme ou le soviétisme aux couleurs africaines, comme d'autres le firent aux couleurs cubaines, chinoises, vietnamiennes, yougoslaves, etc. Aujourd'hui, sans pouvoir définir avec plus de précisions que ne le firent les socialistes du XIXe siècle, on peut dire que la perspective postcapitaliste, pour laquelle des luttes de grande envergure sont nécessaires, doit être un système social meilleur que le capitalisme ou le soviétisme pour les êtres humains les plus humbles. Toujours est-il qu'historiquement le panafricanisme classique fut pour l'essentiel populiste dans la pratique. Qu'a-t-il réalisé ?

En général les pouvoirs populistes ont tenté de réaliser l'unité politique régionale : Nasser celle de l'Égypte avec le Soudan, Nyerere celle de la Tanzanie avec le Kenya et l'Ouganda, Nkrumah celle du Ghana avec la Guinée et le Mali,

Modibo Keita celle du Mali et du Sénégal. Pourquoi ces tentatives ont-elles échoué ? Bien entendu les forces impérialistes y étaient opposées, mais elles opéraient dans les conditions locales qui concouraient à leur efficacité. Ainsi, dans une étude très fouillée sur l'échec de la Fédération Kenya/Ouganda/Tanganyika, Nyé (1966) montre comment les conflits entre les intérêts immédiats et les projets sociétaires progressistes furent résolus en faveur des premiers. Aucun des trois pays ne disposait d'une bourgeoisie potentiellement bénéficiaire de l'Union ; de leur côté les forces unionistes étaient structurées selon les logiques des territoires et des frontières de la Conférence de Berlin. Cette cause a une portée générale. L'hétérogénéité culturelle sous forme de traditions coloniales est invoquée en plus pour expliquer l'échec de la Fédération Ghana/Guinée/Mali : les volontés populistes d'union qui paraissaient effectives s'y sont heurtées à une incompréhension entre élites anglicisées et francisées dans un contexte marqué par les défaillances des infrastructures de communications. L'hétérogénéité sociologique aurait facilité l'éclatement de la Fédération du Mali, entre un Sénégal assez urbanisé et un Mali encore très rural en 1960.

À défaut d'une unité politique, les régimes populistes pouvaient-ils devenir des moteurs de l'intégration économique régionale ? Nous ne le pensons pas. Le populisme comme le soviétisme est incompatible avec une intégration régionale des marchés. De ce point de vue, les régimes néocoloniaux ont un avantage certain. C'est ce qui est ressorti de la deuxième partie du texte. En effet, l'économie capitaliste néocoloniale est fondée sur la main invisible des capitalistes puisqu'elle est voilée par le marché, alors que l'économie populiste, si mal planifiée soit-elle, est sous l'emprise de la main visible des autorités politiques. Dans un cas, l'inégalité des avantages de l'intégration semble provenir des lois économiques ; dans l'autre elle paraît insupportable parce que décidée volontairement. À notre avis, c'est pour avoir sous-estimé cette différence que Benachnhou (1978) et Yachir (1988) rendent l'insuffisance de la planification responsable, en partie du moins, de l'échec de l'intégration économique maghrébine.

À défaut de réaliser des unions politiques régionales ou d'impulser l'intégration économique, le panafricanisme populiste aurait-il dû continuer à affronter le néocolonialisme frontalement, c'est-à-dire au besoin par la subversion. On sait que le courant panafricaniste a fait deux concessions majeures. La première fut d'intégrer le régime monarchique marocain dans un groupe moteur. C'était sans doute le prix à payer pour neutraliser le groupe compradore compact qui soutenait la France dans la guerre coloniale en Algérie. La deuxième fut la signature du traité créant l'Organisation de l'unité africaine, et l'amendement sur l'intangibilité des frontières issues de la colonisation. Était-il possible de faire autrement ? Par exemple transformer en congrès périodiques la Conférence des Peuples de 1958 à Accra, en introduisant des améliorations, en fixant des objectifs au-delà de l'anticolonialisme pour intégrer l'exigence de la protection sociale, de la démocratie et du respect des droits de la personne humaine ; en mettant en question les frontières dites nationales ; en demandant aux mouvements d'être transfrontaliers dès le départ et de haïr le découpage de Berlin ? Une chose est certaine, le populisme avait ses propres limites et la conjoncture internationale lui était défavorable, mais on peut dire que ce compromis permit d'éviter des guerres inter-étatiques et de sauver l'unité du Congo Kinshasa et du Nigeria.

Pour un État-Afrique panafricaniste dans un système régionalisé

L'État-nation Afrique était une exigence à l'époque du panafricanisme classique, alors que la résistance au colonialisme avait un contenu nationaliste, les partis socialistes ou communistes étant très minoritaires sauf en Égypte et au Soudan. Ces partis n'arrivaient pas d'ailleurs à arrimer leur lutte sur la nécessité de l'unité politique du continent. L'alliance avec l'Union soviétique était vitale pour eux. En fait c'est la perspective d'une Afrique unie, mais socialiste qui aurait dû leur permettre de jouer des rôles décisifs. Aujourd'hui, le contexte a changé au niveau mondial. Le socialisme comme projet sociétaire est enterré par tous les grands médias. L'information se fait à sens unique. Les pires crimes du capitalisme sont passés sous silence. On fait comme si le capitalisme n'avait rien à voir avec le drame rwandais. L'origine des maux dont souffre l'Afrique serait principalement dans les idéologies et cultures des modes de production pré capitalistes : islamisme, ethnisme. Alors qu'elles traduisent l'impuissance de surmonter la grande crise globale. Pour la surmonter, il faut dépasser l'horizon du capitalisme. Dans son plaidoyer pour l'unité européenne, Albertini (1978) maudit la nation. Pour lui, c'est elle qui est la cause principale de la Deuxième Guerre mondiale et non pas les fantasmes de Hitler, ni même le choix conjoncturel de la bourgeoisie allemande. Pour lui la disparition de l'État-Europe est la condition par excellence de la paix, de la démocratie et du bien être économique en Europe. Si nous transposons son analyse, l'État-nation Afrique ne serait qu'un maillon dans la construction d'une nouvelle société mondiale. Dans la préface du livre, Robert Lafont incite au réalisme en insistant sur le fait que longtemps encore l'État national sera un sujet historique. Mais pour les panafricanistes, Albertini a raison. Il faut tuer l'idée de construction nationale au profit de la construction de l'État-nation Afrique, étape nécessaire pour la construction d'un système mondial meilleur pour les peuples africains. Mais il ne dit rien du rapport de cette Europe dont il ne met jamais en question la domination du capital avec le reste du monde et notamment avec le Sud et les États-Unis. Lorsque ces dimensions sont prises en compte, on revient à la conclusion tirée par Amin (1970) dans l'analyse de l'accumulation à l'échelle mondiale, à savoir que les contradictions centre-périphérie structurent les rapports sociaux et les rapports entre États depuis les années 1880. Negri (2000), sans partager le cadre d'analyse général de ce dernier, soutient que le néolibéralisme est un stade du capitalisme dans lequel la mondialisation des pouvoirs politiques, économiques et militaires de la triade a atteint un niveau si élevé que l'efficacité des luttes de classes ne se conçoit plus qu'à l'échelle mondiale. « Pour les peuples, écrit-il, cette lutte doit avoir pour objectif ultime non pas le retour nostalgique à la social-démocratie dans les centres et au développementalisme dans les périphéries, mais l'instauration du communisme.

Le panafricanisme nkrumahiste, ainsi avons-nous vu, plaçait la lutte pour l'unité politique du continent dans une perspective postcapitaliste. Le socialisme en tant que projet sociétaire pour les peuples doit être meilleur que le capitalisme et le soviétisme en matière de démocratie participative. Il rejette l'économisme néo-colonial de l'intégration des marchés, le scientisme soviétique de la division internationale du travail et le confusionnisme populiste. Nous reconnaissons d'emblée que la gestion socialiste doit être transparente et le compromis sur la division intra-régionale du travail plus difficile à trouver que dans le cas du capitalisme, car une fois l'aliénation du travail éliminée, la démocratie dans l'entreprise s'impose autant que dans la société. Comme la participation des travailleurs à la décision n'est pas un vaccin contre les erreurs, il faut considérer l'alternance des équipes dirigeantes au pouvoir central comme un moyen qui permet de rectifier les erreurs. Ces exigences compliquent davantage le problème de la régionalisation au lieu de le simplifier. En effet, entre pays socialistes qui ont chacun leur propre histoire, les contradictions entre l'idéologie de la fraternité de classe et les intérêts construits peuvent constituer des freins à l'élan unitaire même entre différents États d'une même nation. C'est pourquoi en se situant dans la perspective d'une transition longue, Amin (1967) pense qu'en général les expériences populistes doivent être jugées avec indulgence, même lorsque le bilan économique est médiocre, à condition qu'ils aient fait avancer la conscience anti-impérialiste et socialiste. Pour nous, l'Afrique ne sortira véritablement de la grande crise que dans un monde postcapitaliste où la démocratie participative et la justice sociale détermineront les rôles respectifs de l'État et du marché dans le développement économique. Un monde sans méga firmes transnationales qui décident de l'avenir des sociétés en l'absence de tout contrôle démocratique. En attendant, il est essentiel que la résistance contre les ravages du néolibéralisme s'ancre dans quelques principes qui permettent aux clivages gauche/droite, panafricaniste/anti-panafricaniste de se manifester clairement dans le débat théorique et dans l'action. Une trop grande confusion règne actuellement. Comment inscrire dans cette perspective la recherche des solutions aux grands problèmes politiques sociaux et économiques du continent, en distinguant le long terme du court et moyen termes.

Pour le court terme : réformer les systèmes politiques et réduire les inégalités sociales

La crise des tentatives de modernisation politique postcoloniales, aggravée par les politiques d'ajustement structurel, a déjà fait entrer une grande partie de l'Afrique dans un processus de régression politique. Il est essentiel que cette tendance s'inverse sans délai. Pour cela, il faudrait appliquer quelques principes de base. Nous distinguons, sans les séparer, les propositions de court et moyen termes de celles du long terme, les secondes éclairant les premières. Pour le long terme, Amin (1996) propose un cadre de réflexion globale pour la constitution d'un système mondial régionalisé postcapitaliste. Le postcapitalisme se définissant par (1) la démocratisation des rapports sociaux étendue au-delà du domaine politique ; (2) l'inégalité sociale minimale (3) et la gouvernance polycentrique d'un système mondial sans hégémonie. Prenant ce cadre pour acquis nous ne ferons ici que les propositions concernant le court terme. Elles sont fondamentalement de caractère idéologique et politique.

1. Affirmer l'humanité de l'Africain. Le concept selon lequel tout pouvoir devrait respecter la dignité de toute personne humaine indépendamment de sa classe, ses opinions, sa culture, n'est pas encore enraciné en Afrique, dans la mesure où sa place dans l'éducation et dans le fonctionnement de l'appareil étatique est encore très restreinte. Un pouvoir panafricaniste doit considérer la sécurité des biens et des personnes (assurée par la police et une justice équitable, rapide et efficace), et la sécurité sociale des couches populaires comme des composantes des droits humains.

2. Éviter et mettre fin aux conflits armés. Les peuples en font inutilement les frais ; de surcroît les seigneurs de guerre ne respectent aucune norme humanitaire que la modernité a imposée aux consciences en Occident, s'agissant des relations intra-européennes. Cette priorité à la paix n'est pas synonyme du culte de la non-violence et de la condamnation de la révolution, et même du terrorisme en général. Il s'agit de reconnaître que les souffrances et les humiliations de l'homme dans les guerres actuelles ne sont pas des coûts à payer d'un progrès social, économique ou culturel. Il s'agit surtout de reconnaître qu'avec la fin de la bipolarité stratégique et de l'apartheid, les guerres de moyenne et de faible intensités peuvent s'installer en Afrique pour une durée indéterminée ; la guerre devenant un moyen banal d'enrichissement ou d'occupation des jeunes. En un mot l'Afrique a besoin d'État qui détienne le monopole de la violence légitime.

3. Situer l'État en question dans la perspective de l'État-Afrique. En effet si tous les États du continent et tous les mouvements réellement panafricains inscrivent leur action dans les domaines économiques et sociaux, et leurs relations extérieures dans la perspective de la constitution de cet État, il sera possible de trouver des solutions durables aux guerres civiles et entre États.

4. Débattre sérieusement des initiatives telles que l'Union africaine, la Renaissance africaine et le Plan Oméga, afin d'éviter que les forces du *statu quo* et les spécialistes du trompe-l'œil continuent d'endormir les peuples africains par la rhétorique.

5. Former des mouvements et des partis politiques panafricanistes pour des alternatives à la mondialisation néolibérale, qui auraient la responsabilité de réactualiser l'idée des Conférences africaines des peuples—la première et la dernière eut lieu à Accra en 1958.

6. Mettre fin à l'apartheid social *de facto* qui consiste à réserver l'instruction, le travail régulier et bien payé, la protection sociale (sécurité sociale et retraite) à une minorité sans aucun projet de solidarité nationale effective. Quand cet apartheid recoupe une base géographique ou ethnique, il constitue un terreau fertile pour toutes sortes d'entreprises que la morale désapprouve (comme le mercenariat, la prostitution, le trafic de la drogue, et la criminalité) pour la simple raison que les candidats ne trouvent pas les moyens de gagner dignement leur vie.

En conclusion, nous espérons avoir montré que le panafricanisme est plus nécessaire que jamais aux analyses et aux actions qui ambitionnent de trouver des solutions à la grande crise africaine ouverte au XIVᵉ siècle par l'invasion turque au nord et la traite négrière atlantique dans le reste du continent. Cette crise perdure dans la mesure où les peuples du continent n'ont pas pu relever les défis qui leur auraient permis de participer activement aux différentes phases de la mondialisation capitaliste marquée successivement par la formation des États-nations en Europe, la révolution industrielle et la démocratie politique euro-nord américaine, l'émergence de nouveaux États industriels est-asiatiques, la révolution de l'information, de la télécommunication et des biotechnologies, etc. Aujourd'hui la stratégie mondiale du partenariat atlantique et de la coopération intra-triade menacent de river l'Afrique dans sa position de simple enjeu. Une coopération intra-africaine et un afro-centrisme inscrits dans la perspective de la formation d'un seul État africain social et démocratique, doivent nécessairement se substituer aux tentatives infructueuses de construire des États-nations selon la logique du Congrès de Berlin. Il faut mettre fin au régionalisme économiciste ou à l'Union politique en trompe l'œil. Pour être efficace aujourd'hui le panafricanisme doit se placer au moins dans la perspective d'un capitalisme postlibéral puisque dans le néolibéralisme c'est le côté esclavagiste du capitalisme qui cherche à s'imposer. La démarche panafricaniste des années 1945-1958 était bonne. Elle combinait les analyses, les luttes des mouvements de libération nationale et les conférences des chefs d'État anti-néocoloniaux.

Notes

1. Nkrumah (1972). « La théorie selon laquelle l'État légitime ne peut être que mono-national a échoué au test chronologique qui définit scientifiquement une réalité objective

… un État peut exister sur des bases multinationales … c'est sur cette base que les nouveaux Africains se reconnaîtront pour former potentiellement une nation dont le dominion est l'Afrique tout entière ».

2. UNCTAD GDS/MDPD4, 1999, "Global Economic Conditions and Prospects", February.

3. UNCTAD, 2 000, Least developed countries report, p.249.

4. Arabie Saoudite et Koweït dans les années 70 et 80.

5. *Marchés tropicaux*, mars 01, p. 460.

6. En 1998 le pétrole représentait la presque totalité des recettes d'exportation de la Libye et 90 % de l'Angola, 58 % des recettes budgétaires de l'Algérie, 50 % de la Libye, 75 % du Nigeria, 68 % de l'Angola. Il contribuait à hauteur de 28 % au PIB algérien, 40 % de celui du Congo Brazzaville et 67 % de l'Angola.

7. Lara (2000) Depuis la publication du livre de Lara, Il est clair que la naissance du panafricanisme s'explique principalement par l'indépendance d'Haïti en 1804. Acquise par une révolution menée par des esclaves, elle posa un problème immense : l'institution esclavagiste devenait aussi obsolète que la monarchie de droit divin en Europe après la Révolution française. L'efficacité du mouvement anti-esclavagiste en Europe et en Amérique en fut une conséquence directe. Le panafricanisme naquit comme un débat sur la question de la nationalité des esclaves libérés ailleurs qu'à Haïti.

8. Il est vrai que celui-ci se ravisa en développant la théorie de l'africanité à deux piliers, l'arabité et la négritude

9. Nyerere, J., Le socialisme africain.

Références

Akinboye, S.O., 1998, « Nigeria's Leadership Role in ECOWAS », *Third World Forum Newsletter*, n°4/8, June.

Albertini, Mario, 1978, *L'État national*, Lyon, Ed. Federop.

Amin, S., 1996, « Régionalisations dans le tiers-monde, réponse au défi d'une mondialisation polarisante (Référence particulière à l'Afrique et au monde arabe) », *Alternatives sud*, vol. III, 4.

Amin, S., 1970, *L'accumulation à l'échelle mondiale*, Paris, Anthropos.

Amin, S., 1967, *L'Afrique de l'Ouest bloquée*, Paris, Minuit.

Aryeete, E., Oduro, 1996, *Regionalism and the Global Economy : The Case of Africa*, Fondad, La Haye.

Beaud, Michel, 1996, *Le Capitalisme postindustriel*, texte ronéo.

Benachnhou, A., 1978, *La planification en Algérie*, Presses universitaires, Alger,

Braudel, F., 1985, *La dynamique du capitalisme*, Paris, Arthaud.

Diop, Cheikh Anta, 1981, *Civilisation ou barbarie*, Paris, Présence africaine.

Esser, Klauss, 1999, *National Scopes of Action through systemic Competitiveness*, Economics, Institute for Scientific Cooperation, annual collection, vol. 60.

Lara, Oruno D., 2000, *La naissance du panafricanisme*, Maisonneuve et Larose, Paris.

Lenine, V., 1916, *L'impérialisme stade suprême du capitalisme*.

Marais, H., 1998, *South Africa Limits to change*, Cape Town Press.

Mbokolo, E., 1985, *L'Afrique au 20ᵉ siècle*, Paris, Seuil.

Mittelman, J., 1996, «Rethinking the New Regionalism in the Context of Globalisation», in

Global Governance: A Review of Multilateralism and International Organisations, Volume 2, Number 2, May-August.

Igue, J., 1995, *Le territoire et l'État en Afrique*, Paris, Karthala.

Negri, T., 2000, *L'Empire stade suprême de l'impérialisme*, Paris, Exils.

Nkrumah, K., 1972, *Lutte de classe en Afrique*, Paris, Présence africaine.

Nkrumah, K., 1972, *Luttes des classes en Afrique*, Paris, Présence africaine.

Noel, Giraud Pierre, 2000, *Le commerce des promesses*, Paris, Le Seuil, cité dans le *Monde de l'économie* du 13/03/01.

Nyé, J. Jr., 1966, *Panafricanism and East African integration*, Harvard University Press.

Péan, P., 1983, *Affaires africaines,* Paris, Fayard.

Rifkin, J., 1996, *La fin du travail*, Paris, La Découverte.

Robinson, J., 1936, *La concurrence imparfaite*, Cambridge.

Rodney, W. 1972, *How Europe Underdeveloped Africa*, Bogle, London.

Shafaeddine, M., 2000, *Free trade or fair trade?* UNCTAD, Discussion papers, n°153, décembre.

Sonk, Byng Nak, 1997, *The Rise of the Korean Economy*, 2ᵉ ed. Oxford University- Press, ch.9.

Tchuigoua, B. F., 1994, « L'hostilité de l'Occident (et du Japon) à la formation du potentiel économique de démocratisation au Sud : quoi de nouveau ? », *Alternatives Sud*, vol. I n°1.

Vershave, F-X, 2000, *La Françafrique*, Éd. Tahin Party.

Vershave, F-X., 2000, *Le Silence Noir Lyon*, Éd. des arènes.

Viner Jacob, 1950, The Customs Union Issue, New York, Carnegie.

Yachir, F., 1988, *La Méditerranée dans le monde*, Paris, La Découverte.

III

Regards critiques sur les contraintes endogènes,
défis à la construction de l'Afrique
du XXIe siècle

7

État, bureaucratie et gouvernance en Afrique de l'Ouest francophone. Un diagnostic empirique, une perspective historique

Jean-Pierre Olivier de Sardan

Introduction: L'État africain victime de l'essayisme

Le contraste est saisissant entre la très vaste littérature traitant de « l'État en Afrique » et le très petit nombre d'études empiriques consacrées à son fonctionnement « réel », au quotidien. On a le sentiment que, depuis des décennies, les chercheurs, qu'ils soient africains ou africanistes, se sont concentrés sur une quête inlassable de l'« essence » de l'État africain, en délaissant l'analyse concrète des administrations, des services publics, du système bureaucratique, des relations entre fonctionnaires et usagers. En un sens, c'est l'État comme « entité » qui a focalisé l'intérêt, et non l'État comme processus social complexe. D'où ces multiples titres qui associent l'État africain à un adjectif quelconque : selon les auteurs, l'État africain est clientéliste (Médard 1981), prédateur (Darbon 1990), sorcier (Hours 1985), patrimonial (Médard 1990, 1998), néo-patrimonial (Médard 1991), malfaiteur (Bayart 1997), importé (Badie 1992), kleptocrate (Bayart, Ellis & Hibou 1997)… On est allé au plus court vers d'innombrables tentatives de « caractérisation » de l'État africain, sans se donner le plus souvent les moyens d'en appréhender la réalité concrète telle qu'elle est vécue quotidiennement par ses fonctionnaires ou ses usagers.

Cette profusion qualificative relève plus de l'essayisme que de l'enquête, et se fonde plus sur des travaux de seconde main, des réflexions en chambre, ou un

---

* Une première version abrégée de ce texte est parue dans *Politique Africaine*, 2004, n°96, pp. 139-162

impressionnisme sans contraintes, que sur des données empiriques d'observation et d'investigation recueillies selon des procédures rigoureuses.[1]

Autrement dit, dans le monde de la recherche, on parle beaucoup plus de l'État africain qu'on ne le connaît vraiment dans son fonctionnement banal, habituel, routinier. L'État des conférences et des librairies ne rend compte que fort rarement de ce qu'on pourrait appeler l'État « pour de vrai » (Jaffré 1999).

C'est pour combler ce déficit de connaissances documentées sur le fonctionnement de l'État au quotidien[2], l'État au concret,[3] ou même de l'État local,[4] que nous avons entrepris au LASDEL (Niamey, et, désormais, Parakou), depuis quelques années, tout un ensemble d'enquêtes collectives approfondies, de type socio-anthropologique,[5] menées en réseau avec des chercheurs de plusieurs pays africains et européens, sur un ensemble de pays d'Afrique de l'Ouest (au Niger et au Bénin, bien sûr, mais aussi au Sénégal, en Guinée, au Mali, en Côte d'Ivoire).[6]

Il ressort de ces enquêtes de terrain une étonnante convergence quant aux formes contemporaines de « gouvernance » dans des pays aux contextes économiques fort variés, qui ont des histoires précoloniales très différentes, et dont les trajectoires depuis l'indépendance sont diverses.

Une parenthèse s'impose sur notre acception de « gouvernance ». Ce terme n'est surtout pas pris ici dans le sens moraliste et normatif qu'il a dans le vocabulaire de la Banque mondiale, et correspond plutôt à ce que Foucault appelait la « gouvernementalité » (Blundo1998), à condition de donner à celle-ci une grande extension, afin d'y inclure les modes de fonctionnement du service public, la culture professionnelle des fonctionnaires, les formes de gestion administrative, et les relations entre agents de l'État et usagers ou citoyens. Il ne s'agit donc ni de « bonne politique », ni de « politique au sommet », mais de l'ensemble des processus de traitement et de délivrance de biens et services publics, par les appareils d'État officiels certes, mais aussi par d'autres opérateurs, tels que les institutions de développement, les mécènes, ou le monde associatif, qui parfois suppléent l'État, parfois se substituent à lui, ou parfois le soutiennent par des « perfusions » sectorielles.

Nos enquêtes ont donc concerné tant des administrations proprement dites (santé, justice, douanes, municipalités) que des formes de délivrance non directement étatique de services ou biens publics (projets de développement, ONGs, chefferies). Mais je ne résumerai ici que les résultats portant sur le secteur étatique au sens classique, sous forme d'une série de caractéristiques communes. Puis je proposerai une analyse historique de l'émergence coloniale de la bureaucratie moderne en Afrique, comme l'un des facteurs explicatifs de la situation présente.

Diagnostic. Une même gouvernance quotidienne

Dans tous les pays où nous avons travaillé, une même sorte de « gouvernance » s'est *de facto* mise en place, au-delà des discours publics et des organigrammes officiels, et ceci malgré des histoires politiques post-coloniales très différentes.[7] Par exemple, le Sénégal et sa démocratie stable sous la longue hégémonie du Parti socialiste, le Bénin et son expérience « marxiste-béniniste » intense, le Mali ou le Niger avec des régimes successifs de parti unique puis de dictature militaire, ont abouti, malgré les changements de régime ou d'idéologie officielle, les soubresauts et les coups d'État, les conférences nationales, les cohabitations et les alternances, à des systèmes très similaires de fonctionnement « réel » des appareils politico-administratifs, de la base au sommet.

Autrement dit, un ensemble de caractéristiques communes structurent assez largement les États francophones d'Afrique de l'Ouest, au-delà, bien évidemment, de particularités nationales qu'on ne saurait nier. Que ces caractéristiques soient ou non similaires dans les pays d'Afrique centrale ou australe, ou dans les pays africains de langue anglaise ou portugaise, est une autre question. Nous ne saurions nous prononcer sur la base de nos propres travaux.

L'inventaire que nous proposons ici de ces caractéristiques communes, toutes étayées empiriquement, est loin d'être exhaustif. Mais il nous semble suffisamment significatif. Il comporte les traits suivants : le poids central à tous niveaux du clientélisme, une grande distance entre organigramme formel et division réelle des tâches, le « privilégisme » systématique, une « culture de l'impunité », des « espaces de soupçon », le « chacun-pour-soi-isme », l'échange généralisé des faveurs, une corruption devenue systémique, un habituel mépris envers les usagers anonymes, la démotivation des fonctionnaires, une faible productivité, la maîtrise d'un double langage.[8]

Dissipons à l'avance un malentendu. Toutes les caractéristiques que nous allons évoquer se retrouvent également dans les pays du Nord. Il ne s'agit en aucun cas de prétendre que ces traits sont présents en Afrique, et absents en Europe ! Simplement, ils n'ont pas au Nord la même extension et la même intensité que dans les pays africains. On peut dire que les ingrédients de la sauce sont partout les mêmes, mais ce sont les proportions qui changent, et la sauce n'a pas, de ce fait, du tout le même goût. Par exemple, la corruption est présente en Europe, mais sectorialisée (les travaux publics, par exemple) et relativement masquée. On ne la trouve pas omniprésente et visible à tous niveaux, par exemple dans un secteur comme celui de la santé, qui, en Afrique, est au contraire un site de corruption généralisée. De même, le clientélisme est évidemment fort important dans les pays industrialisés. Mais le recrutement ou l'évaluation sur des bases de compétence restent *malgré tout* largement répandus au sein de la fonction publique, ce qui n'est guère le cas en Afrique. Enfin, le mépris de l'usager anonyme n'a pas disparu chez les bureaucrates français ou allemands. Mais la notion de service public y reste forte, et l'amélioration de la qualité du service fourni à l'usager y a été importante depuis deux ou trois décennies. On est loin, de ce fait, de la situation africaine, où l'usager anonyme (et pauvre) est assez systématiquement mal (ou pas) servi, ignoré, humilié, ou racketté.

Le clientélisme

Les sciences sociales ont quelque peu délaissé ce concept ancien, qui a pourtant le mérite de rendre bien compte d'une grande partie des phénomènes de solidarité factionnelle, de patronage, de liens d'affiliation, de préférence partisane, que l'on rencontre quotidiennement à tous les niveaux des administrations africaines. Les nominations, les affectations, les promotions, les mises au placard suivent ainsi assez systématiquement des logiques de réseau, de protection individualisée et de redistribution qui n'ont que fort peu à voir avec des profils de poste dûment établis ou des critères de compétence. Sur une base bien en place de priorité des recommandations personnelles et des interventions de « protecteurs » aux dépens de critères professionnels, la généralisation récente du multipartisme a greffé en outre un immense et omniprésent système de préférences partisanes, du haut en bas de l'appareil d'État : le clientélisme électoral et ses retombées post-électorales et pré-électorales (Banégas 2003) s'est ainsi superposé aux autres formes préexistantes de clientélisme.

> Au Niger, par exemple, chaque parti de la coalition au pouvoir a droit à son quota de poste, du haut en bas de l'administration, pour lequel il choisit les militants qu'il entend « remercier ». Nous avons ainsi rencontré dans une enquête du LASDEL sur l'État local à Tahoua un enseignant sans expérience de l'administration qui avait été nommé sous-préfet du fait de ses services rendus au parti ; commentaire d'un fonctionnaire local : « c'est comme donner une voiture à quelqu'un qui n'a pas le permis » ; de toute façon, il sera surtout évalué sur sa capacité à faire progresser son parti aux élections. Autre exemple : partout dans le pays, les collecteurs de taxes sur les marchés sont choisis par les partis politiques, afin de récompenser leurs militants et d'alimenter la caisse du parti avant le Trésor public ; on dit que « ils ont deux poches, une pour l'État, une pour eux-mêmes » (et leur parti).

Le formel et le réel

Les organigrammes, les textes officiels, les chartes et les cartes, les listings et les plannings, ne manquent certes pas dans nos pays, et dessinent les contours d'un monde bureaucratique rassurant et fonctionnel. Mais la réalité est tout autre, fort éloignée de cette image lisse. Les fonctions exécutées ne sont pas celles prévues, les agents font autre chose que ce pourquoi ils sont officiellement recrutés et payés, les bénévoles et autres supplétifs informels absents des fiches de paye accomplissent une partie non négligeable des tâches régulières, les budgets ne sont que de pures fictions, les instructions affichées ne sont jamais respectées. On ne peut déduire le fonctionnement réel, quotidien, d'une quelconque administration dans les pays étudiés, à partir des écrits qui la régissent : seule une observation minutieuse permet de voir à quel point la pratique est éloignée de ceux-ci.

Dans les centres de santé, les agents de tous niveaux accomplissent bien souvent des tâches qui ne relèvent en rien de leurs compétences officielles ou de leur formation. Les gardiens font les pansements, les manœuvres font les injections, les filles de salles font les accouchements, les infirmiers font les prescriptions, les médecins font la bureaucratie. De plus, jusqu'à un tiers du personnel peut être « bénévole », absent de tout registre et inconnu de l'administration : femmes au foyer cherchant une occupation, « secouristes » formés par la Croix Rouge, parents au chômage d'un agent, nouveaux diplômés des écoles de santé sans affectations…

Le « chacun-pour-soi-isme »

Notre continent, malgré les clichés et stéréotypes qui exaltent ses solidarités communautaires, est bel et bien, au moins en ce qui concerne le secteur public (mais sans doute aussi au-delà) le royaume du « chacun-pour-soi ». Dans les administrations, le jeu en équipe est à peu près inconnu, et nul ne se mêle du travail de son collègue. Une réunion où il serait question de discuter collectivement pour améliorer la qualité ou la productivité du travail est un phénomène rarissime. Chacun effectue ses tâches dans une sorte de « bulle » (deux ou trois personnes peuvent certes cohabiter professionnellement dans la même bulle), où nul ne pénètre, et qui ne fait que croiser ou cogner les autres bulles. Tout le monde applique le proverbe « Si tu traverses un village de borgnes, ferme un œil et passe ! ».[9]

Dans les palais de justice de Niamey, Cotonou ou Dakar, les juges se côtoient sans se concerter, les greffiers travaillent chacun de son côté, les chefs de service se contentent de l'« absence de problème » (ou parfois perçoivent une rente sur les agissements illicites de leurs subordonnés), et il n'y a aucun contrôle réel de la qualité (et parfois de la réalité) des prestations des agents. Même les manœuvres ne sont pas véritablement contrôlés et sont largement livrés à eux-mêmes (d'autant qu'ils sont au courant des petites combines des uns ou des autres).

« Chacun essaie de préserver son domaine d'action comme une propriété personnelle. "Lorsque tu dis à un collègue qu'il ne fait pas son travail ou qu'il l'a mal fait, il te dira : de quoi tu te mêles" ? dit une bénévole de la médecine B » (Moumouni, in Moumouni & Souley 2003).

Des « espaces de soupçon »

Toute forme d'entreprise collective donne immédiatement lieu à d'innombrables soupçons, rumeurs et accusations, aussi bien venant de l'intérieur que de l'extérieur. En milieu rural, il n'est pas de coopérative, de groupement, d'association ou de comité de gestion qui n'ait fait l'objet d'accusations, ouvertes ou voilées, de « détournement ». Le monde des partis politiques est perçu par tout un chacun comme un monde d'intrigues, de renversements incessants d'alliances, de bras de fers et de coups bas, de trahisons et de transhumances. Et les appareils politico-administratifs n'échappent pas à cette loi du soupçon. Il n'est guère de chef de service qui ne soit, aux yeux de ses collaborateurs et subordonnés, potentiellement corrompu, partial, ou partisan ; de même, une décision quelconque d'un juge est automatiquement soupçonnée d'avoir été prise pour faire plaisir à X ou parce que Y a donné une enveloppe conséquente.

Certes, nous ne pouvons rien dire de la réalité de toutes ces accusations, et certaines sont sans nul doute infondées ou calomnieuses. Mais ce qui reste attesté est l'étendue et la prégnance de ces « espaces de soupçon », dans l'administration comme ailleurs, qui hypothèquent la construction de relations minimales de confiance ou de sécurité, nécessaires à la délivrance satisfaisante de services publics ou collectifs.

> Au Niger, l'expression zarma de *baabize-tarey* (le fait d'être enfants d'un même père) connote la jalousie et la rivalité, dans la vie quotidienne comme dans la vie politique. L'élection d'un chef à vie, contre d'autres candidats qui sont aussi ses frères ou ses cousins (ses *baabizey*), lesquels resteront dès lors ses opposants à vie, en est le symbole. Les consultations fréquentes de devins, magiciens et autres marabouts, prompts à dénoncer dans l'entourage proche du consultant un parent, un ami ou un collaborateur qui serait le responsable de ses maux passés, présents ou futurs, entretiennent ce climat de méfiance tous azimuts.

Le « privilégisme »

Un poste quelconque dans la fonction publique est avant tout évalué quant à l'accès aux privilèges qu'il permet. Dans la mesure où les salaires sont à peu près partout dérisoires et bloqués, et où l'investissement dans le travail lui-même est faible, ce sont les privilèges qui font la différence, qu'ils soient formels ou informels, licites ou illicites. Le but du jeu est en quelque sorte d'étendre au maximum ces privilèges, aussi loin que possible, parfois démesurément, soit du fait de leur intérêt matériel ou des ressources qu'ils fournissent, soit en raison du prestige qu'ils procurent. Les « avantages de fonction » sont ainsi les véritables « marqueurs » d'un statut, et fonctionnent comme signes de « distinction » (au sens de Bourdieu) envers les collègues, les subordonnés et les usagers.

> Les privilèges vont de l'usage réservé et privatif du téléphone à la voiture du service « appropriée » par le fonctionnaire, de l'obtention de « missions » rémunératrices à la villa de fonction, de la mobilisation du petit personnel pour des courses privées à l'usage sans mesure d'un climatiseur, de l'utilisation des

bons d'essence du service comme moyen de gratification ou comme prime auto-octroyée à l'appropriation de fait des locaux professionnels pour faire du business ou recevoir ses amis, etc. Le monde comparativement luxueux des « projets » (avec ses 4x4, ses splits et ses bureaux fonctionnels) apparaît comme un idéal de privilèges auquel chacun aspire, et, dans la fonction publique, être le « point focal » (le correspondant) d'un projet appuyant tel ou tel service est une position très recherchée par l'accès qu'elle offre à certains des avantages, même mineurs, propres à ce monde enchanté des projets.

Le mépris des usagers anonymes

Dans un service public quelconque, cadastre, poste, état-civil, commissariat, dispensaire, l'usager anonyme est bien mal parti, et se trouve en terrain hostile, devant effectuer un parcours du combattant que personne ne lui facilitera, bien au contraire. Les fonctionnaires le considèrent comme un gêneur et un importun, voire une proie (*cf.* ci-dessous), et entendent être le moins possible dérangés par lui. Sa méconnaissance des procédures invite non pas à l'aider mais à le gronder. Alors que le monde social extérieur privilégie des valeurs de bienséance, d'hospitalité et de respect, l'univers bureaucratique semble, au contraire, se fonder sur le mépris de l'usager, et, en particulier, de son temps.

Chez les usagers de la santé, la *phrase « on ne nous regarde même pas »* est revenue sans cesse au cours des entretiens. Elle exprime bien les sentiments de manque de respect, d'inexistence, d'humiliation, éprouvés par les usagers des services publics de santé.

> « On ne te regarde pas, il parle seulement, tu ne comprends pas, et puis il donne une ordonnance… Je lui ai dit que le corps de ma fille chauffe, il ne l'a même pas regardée » (Fanta, 24 ans, Abidjan, cité par M. Koné 2003).

> « Avec une fille de salle, j'essayais d'encourager la parturiente à pousser. Elle était très fatiguée et gémissait beaucoup. Ceci agaçait la sage-femme, qui me disait : "déchire-la, elles sont toutes comme ça, promptes à aller avec les hommes, jouissant de plaisir, mais incapables de se maîtriser face à la douleur, quelle honte ces enfants de maintenant" (…) J'étais sur le point de le faire, j'avais dit à la fille de salle de me donner une lame, mais j'ai voulu encore attendre un peu. Et là, dans un dernier sursaut, la parturiente a poussé et l'expulsion a commencé. Tout s'est bien déroulé par la suite. J'étais soulagée. La sage-femme a dit à l'endroit de la parturiente 'tu as de la chance, car si c'était moi qui t'accouchais, je t'aurais déchiré dès le début' » (FL, élève stagiaire, deuxième année sage-femme, ENSP, Niamey, cité par A. Souley 2003).

L'échange généralisé des faveurs

Mais ce mépris s'arrête là où les recommandations commencent. Toute personne recommandée, directement ou indirectement, se voit au contraire plutôt bien servie, souvent d'ailleurs aux dépens des usagers anonymes qui attendent. Pour un PAC (« parent, ami ou connaissance »), le fonctionnaire fera assaut de politesse, facilitera l'accès au service recherché, et quittera volontiers son poste pour piloter son hôte. Les réseaux de recommandations sont multiples : membres de la famille étendue, voisins, originaires du même terroir, collègues, promotionnaires, camarades de loisirs ou de parti, etc. Le service rendu ne sera pas nécessairement payé de retour par une faveur équivalente du « débiteur », mais par d'autres services rendus par d'autres connaissances : c'est pourquoi on peut parler, pour parodier la formule de Lévi-Strauss sur la parenté, d'un « échange généralisé ».

Pour survivre en territoire administratif, il faut connaître quelqu'un, ou connaître quelqu'un qui connaît quelqu'un. Face à un problème à régler, on ne cherche pas à prendre connaissance de la procédure à suivre, mais à savoir qui donc on peut aller voir pour vous pistonner.

> « Les faveurs pour les collègues ou leurs enfants, c'est normal. Par exemple ils peuvent ne pas respecter la préséance ou je peux même leur donner des médicaments si j'en ai. L'agent peut même quitter son poste de travail pour aller accompagner son enfant dans autre centre de soin mieux équipé. Mais on ne peut pas généraliser pour des gens qu'on connaît à peine. On ne peut faire des faveurs pour tout le monde qu'on connaît. Il ne faut donc pas exagérer » (EM, responsable d'un CSI, Niamey).

> « Les "passes" (personnes recommandées) de certains d'entre nous, quand ils viennent en consultation, ils ne s'arrêtent pas pour au moins payer le carnet. Ils vont directement voir les soignants. Si je décidais de m'opposer au système de passe, nous ne nous entendrons pas » (BI, percepteur dans un hôpital, Niamey).[10]

La corruption systémique

Une autre solution, pour l'usager qui ne connaît personne mais qui en a les moyens, est le recours à la corruption désormais devenue systémique, omniprésente, et bien visible. Mais la corruption unit aussi des personnes en relations d'affaires continues, ou se structure selon des réseaux organisés et même mutualisés (le policier doit donner « sa part » au brigadier, qui donne la sienne au commissaire, etc.). Cette corruption systémique a donc des formes multiples : la commission pour service illicite, la gratification, le piston, la rétribution indue d'un service public, le tribut, la « perruque », le détournement… Elle peut être ponctuelle, dyadique, rentière. Elle aboutit à une sorte de « privatisation informelle » de l'État, dans la mesure où l'agent de l'État n'effectue son travail, ou un travail, que s'il perçoit une rémunération directe de l'usager ou du collègue.[11]

> La sémiologie populaire rend bien compte des multiples dimensions de la corruption et de son omniprésence quotidienne : « la chèvre broute là où elle est attachée » : « celui qui pile ne manque pas de prélever une bouchée pour lui-même » ; il faut « donner l'argent des ingrédients de la sauce », « mettre une pierre sur un dossier pour qu'il ne s'envole pas », « graisser la bouche » ; « deux mains sont nécessaires pour pouvoir se les laver l'une l'autre » ; « on ne doit pas venir les mains vides » ; « les cordes de ceux qui puisent dans le même puits ne manquent pas de s'emmêler »…[12]

La « culture de l'impunité »

L'absence de sanction réelle pour fautes professionnelles graves (comme pour détournement ou corruption) est partout attestée. Le pire qui puisse arriver est en général l'affectation, c'est-à-dire le changement de lieu de travail. De nombreux chefs de service nous ont dit être dans l'incapacité de sanctionner un subordonné incapable, négligent ou vénal, dans la mesure où toute sanction soulève immédiatement un torrent de protestations et d'interventions en faveur du sanctionné, au nom certes de la solidarité ou de la pitié, mais aussi en fonction de rapports de force de patronage ou de clientélisme, liés ou non aux partis politiques. Si l'on y ajoute le fait que les indélicatesses des uns sont bien connues des autres, et que « tout le monde se tient pas la barbichette » (Jaffré 2003), de façon verticale ou horizontale, on comprendra pourquoi règne désormais une telle « culture de l'impunité ».

> Une sage-femme plusieurs fois surprise en train d'arnaquer les parturientes ou leurs accompagnatrices à la maternité centrale de Niamey est finalement « sanctionnée » par un départ du service : il a fallu pour cela que son chef de service menace de démissionner. Elle prend celui-ci violemment à partie et promet de revenir bientôt. Trois mois plus tard, elle est réaffectée à la maternité centrale !

> Propos d'agents de santé à Niamey (*cf.* Souley, in Moumouni & Souley, 2003) : « On ne sanctionne jamais, c'est pourquoi ça ne marche pas » ; « il y a des intouchables » ; « il y a un laisser-aller incroyable à un tel niveau, certains agents indélicats sont protégés par les responsables » ; « c'est tout le système qui n'autorise pas sanction ! » ; « il y a tellement de jeux de relations que les sanctions ne sont pas prises »…

La démotivation des fonctionnaires

Il est difficile de rencontrer aujourd'hui dans les pays où nous avons enquêté un fonctionnaire heureux, ou simplement motivé. D'ailleurs, le terme « motivation » y a perdu son sens usuel, et ne désigne plus que des primes que le fonctionnaire exige comme un dû. Le goût du travail bien fait, la satisfaction de la tâche accomplie, ne s'expriment chez nos interlocuteurs que sous la forme de la nostalgie d'un paradis perdu, ou le rêve d'une impossible utopie.

Si les salaires effectivement dérisoires–en ces temps de mondialisation où les marchandises et les standards de vie n'ont plus de frontières–sont au cœur de cette insatisfaction, et restent invoqués en première place, ils ne sont cependant pas les seuls facteurs du spleen, voire du dégoût des agents de l'État. Chacun des traits évoqués ci-dessus y joue sa part. La non-reconnaissance des compétences professionnelles, les interventions politiques ou clientélistes constantes, l'absence de gestion intelligente des ressources humaines participent par exemple à cet écœurement collectif. Et le fait de devoir arrondir les fins de mois à coup de petite corruption ne contribue pas à cette « estime de soi » qui est une composante de toute motivation professionnelle.

> Nous avons rencontré à l'inspection de l'enseignement primaire de Tahoua, au Niger, une pléiade d'enseignants affectés à des tâches administratives dérisoires, végétant depuis des années dans des bureaux vides : un technicien en urbanisme devenu bibliothécaire mais sans livres, une institutrice vouée à gérer le seul maigre registre du courrier « sorties » (quelques lettres par jour), alors qu'un collègue en fait à côté autant pour le courrier « entrées », un instituteur désormais magasinier et gérant toute l'année quelques rares piles de matériels scolaires, et cette citation affichée bien visible dans un bureau de l'inspection : « la vie est une tranche de merde dont il faut avaler un morceau chaque jour ». Pendant ce temps, le pays manque cruellement d'enseignants sur le terrain, et recrute des « volontaires de l'éducation », de niveau brevet, dépourvus tant de compétences que de motivations, payés 20 000 F CFA par mois, souvent absents de leur poste, et parfois « taxant » les élèves…

L'improductivité

La démotivation, le privilégisme, le chacun-pour-soi-isme, la corruption, tout cela aboutit évidemment à une très grande improductivité des services de l'État. Les observations le confirment : ce qu'on pourrait appeler « l'absentéisme social » (baptêmes, mariages, décès) mange une bonne partie du temps de travail, les « micro-absentéismes » (retards, courses personnelles, et départs avant l'heure) en mangent une autre partie, et enfin, quant au reste du temps effectivement passé sur le lieu de travail, une partie non négligeable en est consacrée à des activités non professionnelles : recevoir des amis, bavarder ou se détendre entre collègues, faire de petites siestes. C'est sur le solde que les tâches professionnelles sont effectivement accomplies, souvent de mauvaise grâce, au ralenti, ou de façon expéditive.

À Abidjan, comme à Niamey ou Conakry, les consultations dans les centres de santé où nous avons enquêté commencent rarement avant 9 heures (des femmes attendent parfois depuis 6 heures du matin), et se finissent en général avant midi (les femmes qui se présentent plus tard, ou l'après-midi, sont le plus souvent renvoyées). Les personnels de santé de ces centres, pourtant, sont censés faire 8 heures par jour, et ne prennent pas de gardes…

Le double langage

Le décalage entre organigramme formel et organigramme réel, comme la générali-sation de pratiques illicites, la « privatisation informelle de l'État », ou le patro-nage partisan feutré, entraînent chez les agents de l'État une sorte de schizophré-nie structurelle, ou de dédoublement institutionnel de la personnalité. D'un côté il y a le langage officiel pour l'extérieur et pour les rituels politiques nationaux, celui d'un État souverain, fondé sur la base d'un modèle légal et d'un idéal-type bureaucratique de type occidental. De l'autre coté, il y a le langage quotidien, celui des « arrangements » (*ajara* en hausa), celui en fait des combines et des faveurs, des intrigues et des tractations. D'un coté, il y a les normes publiques, celles de l'appareil constitutionnel et juridique, celles de la citoyenneté moderne procla-mée, celles des procédures administratives et comptables. De l'autre coté, il y a les normes pratiques, les usages établis, les codes informels, les cultures profession-nelles locales.[13]

Face aux bailleurs de fonds, aux institutions internationales, mais aussi dans les circonstances officielles et publiques, on utilise un univers sémantique policé, celui du langage standardisé et euphémisé de l'État moderne universel, ou du développement, devenu en Afrique incontournable. Cet univers est donc fait de deux « langues de bois » enchevêtrées, où coexistent harmonieusement « démo-cratie », « transparence », « société civile », « élections libres », « développement durable », « droits de l'homme », « promotion de la femme », « participation des populations », « liberté de la presse », « sens de la responsabilité », « lutte contre la pauvreté », et bien d'autres…

Dans les interactions quotidiennes, c'est un tout autre univers sémantique qui se déploie, celui des expressions usuelles, de la dérision, de la familiarité, de la connivence, de la complicité, de la rivalité… Le premier univers sémantique est en français, et c'est celui que les institutions du Nord aiment entendre.[14] Le second est dans les langues nationales, et c'est celui que les acteurs du Sud aiment utiliser. Ces deux univers sémantiques cohabitent pacifiquement, mais restent relative-ment nettement séparés : à chacun ses situations, et ses interlocuteurs.

Par exemple, les stages, séminaires et autres formations largement dispensées par les projets et bailleurs de fonds, et haut lieu d'expression des normes officielles sont depuis longtemps « récupérés » et « détournés » par les nor-mes pratiques existantes, comme ressources supplémentaires à capter (per diem, missions, corruption), ou comme moyen éventuel d'être recruté par les projets et de quitter la fonction publique. Par contre, leur effet sur les pratiques professionnelles des agents une fois ceux-ci retournés sur le lieu de travail est extrêmement faible, voir nul : les normes pratiques reprennent leur cours, après une parenthèse dans les normes officielles du stage…

Analyse. Une perspective historique

On ne saurait évidemment poser un tel diagnostic et faire un tel constat sans se confronter à la redoutable question du « pourquoi ».

Rappelons que, en sciences sociales, nous sommes beaucoup plus à l'aise avec la description de l'existant qu'avec son explication, avec le « comment » qu'avec le « pourquoi ». En effet, les phénomènes sociaux mettent en jeu un ensemble extrêmement complexe de variables, dans des contextes où l'assertion « toutes choses égales d'ailleurs » ne peut jamais être proférée *stricto sensu*. Isoler une variable et en mesurer l'impact a, dans nos disciplines, l'aspect d'une mission impossible, même si certains quantitativistes ou positivistes continuent d'en nourrir l'illusion.

Parmi les multiples hypothèses explicatives qu'il faudrait simultanément prendre en compte, on peut en tout cas évoquer, entre autres, l'héritage de la guerre froide aux débuts des indépendances avec les primes de vassalité qui ont été alors accordées avec complaisance aux nouveaux régimes africains, la démission des élites post-coloniales, l'inefficacité des réformes venues d'en haut et/ou de l'extérieur et promues à coup de conditionnalités et de subventions, les effets pervers des projets de développement et des stratégies des bailleurs de fonds, les dégâts de l'ajustement structurel, la mécanique infernale de l'actuel processus de « privatisation informelle interne » des États, les liens partout établis entre affairisme et partis politiques, etc.

Je voudrais simplement évoquer un ensemble de ces facteurs *parmi d'autres*, ceux qui renvoient à l'héritage colonial, et aux modalités de construction de l'administration moderne en Afrique, et donc au rapport entre sphère privée et sphère publique.[15]

Notre hypothèse est qu'il n'y a pas en Afrique un modèle de la bureaucratie radicalement autonome, qui renverrait à une quelconque « culture traditionnelle », mais bien plutôt que, sur les bases même de toute bureaucratie moderne, qui postule une rupture entre public et privé, source d'une « production d'indifférence », s'est opérée en Afrique une production historique particulière, héritée de la colonisation, puis accentuée dans la période post-coloniale.

Les bureaucraties africaines sont en fait nées d'une double rupture : la rupture coloniale, par rapport aux formes de pouvoir précolonial, et la rupture bureaucratique, par création d'une opposition public/privé.

À la « construction sociale de l'indifférence » typique de toute bureaucratie moderne s'est ainsi superposée une « construction coloniale et post-coloniale du mépris et du privilège ».[16]

La bureaucratie d'interface et la « membrane »

Nous examinerons successivement un axe structurel (la rupture instaurée par les normes bureaucratiques modernes) et un axe représentationnel (les stigmates populaires attachés à la bureaucratie d'interface).

La rupture bureaucratique

La bureaucratie moderne, qui est l'un des piliers principaux de l'État contemporain tel qu'il s'est développé en Europe au cours du XIXe siècle en particulier, s'est construite par une rupture avec les modes de gestion antérieurs des affaires publiques, autrement dit avec l'État d'Ancien Régime, caractérisé par des systèmes d'allégeance personnelle entre les dignitaires aristocratiques et politiques et leurs clientèles de commis, de suivants et d'hommes de confiance.[17] La vénalité des charges, l'échange généralisé de « services » et le dévouement à un « maître » cèdent la place (peu à peu, car le processus fut long) à des procédures impersonnelles, à des recrutements sur diplôme, à un service de l'État (Dreyfus 2000). La fameuse *rationalité légale-bureaucratique* théorisée par M. Weber ne relève pas tant d'une rationalité technique ou scientifique (qui remplacerait une gestion irrationnelle par une gestion éclairée : ce contresens a souvent été fait) que d'une *rationalité procédurale*, censée assurer un traitement égal et normalisé des « cas » (des dossiers) quels que soient ceux qui sont concernés. Cette rationalité procédurale se fonde sur une rupture forte (et nouvelle) entre la sphère privée et la sphère publique.[18] Le monde de la bureaucratie moderne, celui de la sphère publique en ses formes administratives, a désormais ses propres lois, égalitaires et impersonnelles, opposées, en un sens, à celles qui régissent le monde « normal », extérieur, celui des relations quotidiennes, personnalisées, affectivées, socialisées.

Ce monde bureaucratique a été le plus souvent appréhendé sous sa dimension institutionnelle, comme un « appareil »[19] ou comme une « organisation »,[20] avec ses logiques internes, ses jeux de pouvoir, ses attributs systémiques. Mais on peut aussi s'intéresser aux relations qu'il entretient avec son environnement, et plus particulièrement avec les usagers. Ce que Lipsky a décrit comme *street level bureaucracy* (Lipsky 1980), nous l'appellerons « bureaucratie d'interface ». Des secteurs entiers de la bureaucratie n'ont pas d'interface avec les usagers, de même que l'on peut parfaitement considérer le fonctionnement de la bureaucratie sans mettre au centre de l'analyse les relations entre les agents publics et les usagers. Mais nous nous focaliserons ici sur ces relations.

À cet égard, et pour reprendre le titre de l'ouvrage de Herzfeld,[21] si la bureaucratie moderne est une vaste machine « produisant de l'indifférence », au sens général du terme (les dossiers sont traités de façon indifférente), la bureaucratie d'interface importe cette indifférence au cœur du rapport bureaucrate/citoyen, et *transforme en quelque sorte l'indifférence structurelle en une indifférence comportementale.* Le bureaucrate de guichet n'a en face de lui que des cas-types, il est censé n'avoir ni sentiments ni compassion, il applique un règlement, des instructions, des procédures. Pourtant, les comportements ordinaires du bureaucrate, dans la vie quotidienne, hors de son espace de travail, loin des normes qui définissent celui-ci, ne se distinguent en rien de ceux des autres citoyens : il aime les uns, déteste les autres, oscille entre bienséance et grossièreté, selon les rapports d'antipathie et de sympathie qui marquent ses rapports aux uns et aux autres. Dans un monde, celui de la bureaucratie, les normes sont le respect des procédures, et le traitement indifférent de tous, dans l'autre, celui de la vie sociale ordinaire, règnent au contraire les réseaux, les affinités, les liens de proximité, les différences permanentes de traitement à l'égard de tel ou tel.

Certes, ce modèle bureaucratique est d'ordre idéal-typique, et ne sert qu'à mesurer, en un sens, l'écart toujours existant entre la règle et la réalité. Certes, une coupure radicale et permanente entre le comportement public et le comportement privé est impossible. Cette coupure est toujours relative, il y a toujours des « passages », des « interférences », des « chevauchements ». Pour exprimer simultanément la nécessité de cette coupure et en même temps sa relativité, nous reprendrons une métaphore de Goffman (1961): il y aurait entre le comportement privé et le comportement public une « membrane semi-perméable », qui, selon les acteurs ou selon les contextes, laisse plus ou moins passer de « privé » dans le « public »...

Nous pensons que cette métaphore peut être mobilisée avec profit pour tenter de comparer les bureaucraties d'interface africaines et les bureaucraties d'interface européennes. Sur la base de l'existence dans les deux cas d'une membrane semi-perméable entre privé et public, qui est la condition même d'existence d'une bureaucratie, la « membrane » filtre de façon différente en Afrique et en Europe, et elle ne filtre pas les mêmes choses... Ceci est évident si l'on se place maintenant sur un « axe représentationnel », afin de comparer les stéréotypes respectifs de la bureaucratie en Europe et en Afrique.

Bureaucratie européenne classique et bureaucraties africaines : les stéréotypes communs
Une longue tradition de dénonciation de la bureaucratie existe en Europe, à travers les écrits formels (presse, littérature...) comme à travers la « petite tradition orale » (blagues, bavardages, « brèves de comptoir »). Courteline la symbolise bien. Le bureaucrate est décrit comme insensible, borné, tatillon, mettant en oeuvre sans état d'âme et sans initiative des règlements abscons ou inadaptés. Le monde de la bureaucratie est « kafkaïen ».

En Afrique, écrits formels comme « petite tradition orale » mettent en scène une bureaucratie insensible, incompétente, rapace, cupide, despotique, absentéiste, menteuse, paresseuse.[22]

On voit qu'autour d'un terme partagé (l'« insensibilité du bureaucrate »), les focalisations divergent ensuite : du côté disons des représentations européennes de la bureaucratie, l'usager serait considéré plutôt comme victime de l'application mécanique des procédures, du côté, disons, des représentations africaines de la bureaucratie il serait plutôt confronté à l'insécurité et à l'arbitraire. Des deux côtés, il y a un facteur commun, l'indifférence–et donc une certaine forme de « déshumanisation »–mais cette indifférence se décline tendanciellement selon des lignes de pente différentes, selon une logique dominante de la productivité procédurale mécanique de type « égalitaire » d'un côté (Europe), selon une logique dominante de l'improductivité et de l'arbitraire de l'autre (Afrique). Dans un cas, l'usager est réduit à être un simple numéro, dans l'autre il est « mal » traité, humilié, racketté.

Voilà pour le coté « imperméable » de la membrane : il ne laisse normalement pas de place, ni dans un cas ni dans l'autre, à une « personnalisation » des rapports, *du moins pour l'usager « anonyme »*, et produit une profonde « indifférence » à l'égard de cet usager anonyme, indifférence typique de la sphère publique. C'est du fait que cette indifférence prend des caractéristiques assez spécifiques en Afrique qu'il nous faut désormais rendre compte. Toutefois, auparavant, on peut se demander symétriquement ce qu'il en est du côté de la perméabilité. On peut estimer que, en Europe, elle a longtemps été faible (modèle classique), mais que, depuis peu, au modèle classique s'ajoute (et, en partie, se substitue) un modèle « amélioré », qui « humanise » les comportements de la bureaucratie d'interface. Autrement dit, la membrane laisse désormais passer certains comportements qui viennent du privé, et qui tendent à considérer l'usager comme un client et non plus comme un numéro. Mais ce n'est pas tant du monde privé individuel, relationnel ou domestique, que l'on s'inspire, que du monde privé des affaires. Le service public, tant décrié, s'humanise en se modelant désormais peu à peu sur l'entreprise commerciale.[23] D'autre part, ce processus est impulsé « d'en haut » (*top-down*), il relève d'une démarche managériale de type formel, il est contrôlé par l'encadrement, et tend en fait à modifier peu à peu la norme du public lui-même. En Afrique, la perméabilité de la membrane est assez différente. Non seulement elle est plus forte *en certains domaines*, mais aussi elle relève de l'informel, et correspond tantôt à une forte immixtion du monde privé individuel (sur-personnalisation), tantôt à une privatisation informelle interne du service public (corruption).[24]

Les spécificités des bureaucraties africaines : perspective diachronique

La référence aux régimes politiques africains pré-coloniaux comme « explication » de la situation très particulière de l'État africain en général, ou des administrations africaines en particulier,[25] nous semble peu pertinente : [26] la bureaucratie moderne se crée partout en rupture avec les modes d'administrations antérieurs, et ce fut plus encore le cas en Afrique qu'en Europe.[27]

La bureaucratie comme création coloniale

C'est en fait une bureaucratie très particulière, fort différente à bien des égards du modèle dominant en métropole, qui a été importée de toutes pièces en Afrique par le régime colonial[28]. Le fossé entre administrateurs et administrés, consubstantiel à l'édification de toute bureaucratie, y a en effet redoublé un fossé bien plus profond et radical entre Européens et « indigènes ». Le régime très exceptionnel et dérogatoire (au regard des normes mêmes de l'administration française) de l'indigénat, qui accordait des pouvoirs exorbitants aux « commandants de cercle », et privait de droits élémentaires les administrés, a en effet produit une bureaucratie certes « moderne », mais sous une version « coloniale » quelque peu monstrueuse, mélangeant un ensemble de traits issus du modèle classique importé (organigrammes, procédures officielles, écritures, rapports, etc.) et un autre ensemble de traits « inventés » par la situation coloniale et souvent en contradiction avec les précédents (d'où cette schizophrénie dont on trouve diverses traces aujourd'hui)[29] On se contentera de souligner les trois principaux d'entre eux : le despotisme, le « privilégisme », et le rôle des intermédiaires. Selon nous, ils expliquent encore une partie des comportements des bureaucraties africaines contemporaines.

1. Le despotisme colonial est bien documenté.[30] Ses conséquences sur la construction de la bureaucratie coloniale le sont moins. Et pourtant, elles sont évidentes, et importantes. L'ampleur du fossé entre bureaucrates et usagers « indigènes »,[31] comme les dispositions du code de l'indigénat et les habitudes coloniales dominantes (racisme et paternalisme en proportions variables) ont introduit une très grande marge d'arbitraire et même de violence dans la rationalité procédurale de la bureaucratie classique métropolitaine officiellement importée « clé en main » dans les colonies.[32] Les conséquences à long terme sont importantes, dans la mesure où, au-delà du mépris souvent affiché de beaucoup de fonctionnaires européens pour leurs administrés, ce sont des générations d'auxiliaires et de « commis » africains qui ont appris auprès des colonisateurs à édifier une barrière entre eux-mêmes et les populations locales, à multiplier les signes affirmant leur statut de privilégiés, à construire leur supériorité par l'affirmation de l'infériorité des autres, à « mal traiter » leurs « administrés », à user de l'arbitraire...[33] Avec l'indépendance, non seulement ces petits fonctionnaires africains accèderont aux responsabilités dans la continuité avec la machine administrative coloniale antérieure (prenant simplement la place des anciens maîtres européens du pays), mais en outre ils permettront, voire parfois favoriseront, la reproduction chez leurs subordonnés de cette « culture administrative » assez particulière héritée de la colo-

nisation (au-delà bien sûr de diverses exceptions). L'indifférence bureaucratique a ainsi pris, avec la bureaucratie coloniale, une forte coloration despotique qu'elle n'a sans doute jamais perdue depuis. On peut dire cela autrement : alors que, en Europe, la bureaucratie moderne s'est développée plus ou moins parallèlement avec l'émergence de la citoyenneté et de la démocratie, tout au long du XIXe siècle, elle a au contraire, en Afrique, rimé depuis ses débuts (et jusqu'à aujourd'hui) avec l'inégalité, la violence et le mépris, en l'absence, y compris depuis les indépendances, de véritable tradition civique ou citoyenne égalitaire. Une caractéristique collatérale doit être soulignée : alors qu'en Europe la bureaucratie s'est construite dans une relative autonomie par rapport au pouvoir exécutif, en Afrique, dès le pouvoir colonial et jusqu'à aujourd'hui, elle a été indissociable de l'arbitraire du pouvoir.

2. Le « privilégisme » (qui recouvre en partie le despotisme) renvoie directement aux innombrables « avantages de fonction » propres à la bureaucratie coloniale : au-delà des salaires doublés grâce aux indemnités, tout était dû aux administrateurs : le logement, la domesticité, les moyens de déplacements, les dons et présents en nature des populations, les services gratuits, les maîtresses… L'écart était d'autant plus grand par rapport aux fonctionnaires de la métropole que les cadres coloniaux avaient en général une formation nettement inférieure. Le seul fait d'avoir une fonction dans l'administration coloniale donnait accès à ces privilèges, indépendamment de la compétence ou du mérite.

3. Quant aux intermédiaires, ils furent indispensables au fonctionnement de la bureaucratie coloniale, dans la mesure où celle-ci a été caractérisée à la fois par une sous-administration chronique et par un décalage maximal entre les normes et usages locaux et les normes et règles officielles. Faute de ressources humaines, et faute de maîtrise des codes et usages locaux, les bureaucrates coloniaux ont non seulement toléré, mais aussi utilisé systématiquement diverses formes de sous-traitance, là encore loin des règles métropolitaines, faisant la part belle aux auxiliaires, supplétifs, chefs administratifs, courtiers et autres hommes de main ou de confiance. Le « pluralisme des normes » évoqué ci-dessus y trouve sans doute sa source, sinon unique du moins principale, ainsi que la structure « schizophrénique » de l'administration, entre un formalisme procédural surtout rhétorique, scripturaire ou superficiel, et de multiples accommodements oraux négociés par des intermédiaires empressés et omniprésents.[34] Cette importance de la négociation et de l'intermédiation, qui se traduit par de multiples « arrangements », est sans doute à l'origine des premières formes de petite corruption quotidienne, qui sont apparues dès la période coloniale, certes au profit des chefs et de leurs auxiliaires,[35] ainsi que des commis et de leurs supplétifs, mais aussi des fonctionnaires français en poste aux colonies.

« L'incompétence, la malhonnêteté souvent et l'impunité du personnel, le gaspillage du matériel ahurissaient les inspecteurs » (venus de la métropole pour évaluer l'administration coloniale, Brunschwig (1983:24).

On peut aussi penser que le système de la « chefferie administrative » (le recours par l'administration coloniale, pour gouverner le monde rural, à des chefs « traditionnels » en fait souvent « néo-traditionnels »), fondé sur le besoin d'intermédiaires et le statut dérogatoire des colonies, a introduit un système politique néo-patrimonial (le chef n'a pas de budget propre, ses fonds personnels et ceux de sa fonction sont confondus) au cœur de l'administration publique.

Legs colonial et innovations post-coloniales

Il est difficile de faire parfois la part entre le legs colonial (repris tel quel, rappelons-le, par les nouvelles élites arrivées au pouvoir lors des indépendances, elles-mêmes issues de la couche « indigène » des bureaucraties coloniales) et les variations ou innovations qui ont pris place de 1960 à nos jours. C'est le cas avec le clientélisme (d'affaire, de parti, de faction ou de voisinage), qui a certes prospéré depuis les indépendances, mais que la « situation coloniale » avait déjà largement encouragé.

Le « passage de service » entre les anciens colonisateurs et les nouveaux régimes de parti unique s'est fait, on le sait, « en douceur », sans rupture.[36] Une de ses caractéristiques a été de permettre une promotion ultra-accélérée des anciens « commis » de la colonisation, accédant du jour au lendemain à tous les hauts postes « coloniaux » du nouvel État, et donc, on l'a déjà souligné, au « droit » de pratiquer à leur tour le « despotisme » et le « privilégisme ».

Par exemple, l'expression d'une supériorité méprisante ou arrogante envers l'usager, comme l'extension démesurée des avantages de fonction (formels et informels) hormis les salaires,[37] a été intégralement reprise par les fonctionnaires nationaux (eux-mêmes encore moins bien formés que leurs prédécesseurs) lors du passage à l'indépendance. Ces traits n'étaient-ils pas le signe d'un véritable « passage de témoin » ? Pouvait-on concevoir une fonction publique nationale souveraine qui n'ait pas droit au même respect, et donc aux mêmes avantages, que les maîtres d'hier ? De ce fait, le décrochage entre « privilèges » et compétences s'est encore renforcé. Les privilèges dus à la bureaucratie coloniale, loin de s'amenuiser, se sont même étendus à l'ensemble de la chaîne hiérarchique. Un tel mécanisme de « reconversion sur-classante »[38] (ne prenant que peu en compte la compétence et l'expérience professionnelle) a en effet joué du haut en bas de la bureaucratie (autour de 1960, de même qu'un instituteur devenait ministre, une dactylo débutante devenait secrétaire de direction, ou un planton devenait policier, etc.). Par la suite, dans les trente premières années des indépendances, les entrées dans la fonction publique se sont certes faites sur la base de qualifications plus adaptées, mais toujours avec un « sur-classement » quasi systématique, par rapport aux carrières habituelles dans les bureaucraties européennes (un diplômé bac+3 frais émoulu accède directement à des fonctions réservées en Europe à un diplômé bac+5 doté de dix années d'expérience professionnelle). Dans les administrations, un « ascenseur social » en surchauffe et totalement atypique s'est donc mis en place : il ne fonctionnait pas « aux salaires » officiels (ceux-ci restant extrêmement « sous-développés » en comparaison des homologues européens[39]), mais « aux privilèges » (largement supérieurs à ceux des homologues européens) ; il était largement « décroché » tant des expériences professionnelles moyennes exigées en Europe que de la lente progression typique de la bureaucratie classique ; et il ne donnait au titulaire d'un poste que les hochets du pouvoir ou les simulacres de la fonction, sans environnement fonctionnel. Ce système a fonctionné à plein jusqu'aux années 90, créant une bureaucratie de « promus à grande vitesse », en même temps privilégiés et frustrés, qui manquaient souvent des compétences qui auraient dû être associées aux postes qu'ils occupaient. Ce système a donc alimenté tant la morgue des grands « bureaucrates de pouvoir » face aux subordonnés que le mépris des petits « bureaucrates d'interface » face aux usagers.

Enfin, le rôle des intermédiaires n'a fait que croître, jusqu'à être de nos jours une des caractéristiques structurales des administrations africaines.

Tous les services étudiés fonctionnent grâce à l'appui d'un personnel non administratif, sans statut bien défini, parfois « bénévole » depuis une vingtaine d'années (...) Ces supplétifs ont, selon notre analyse, un triple rôle. D'un côté ils jouent, semble-t-il, un rôle fonctionnel, en facilitant les démarches des usagers, voire les tâches du personnel : ils contribuent à l'accélération des procédures (au détriment toutefois des usagers qui n'ont pas eu recours à leurs services), ils peuvent protéger leur client, en cherchant à éviter la sanction ou à multiplier ses chances d'obtenir gain de cause ou de faire valoir ses droits, ils permettent aussi la personnalisation des démarches administratives, tout en rassurant le citoyen face à une administration imaginée toute-puissante. D'un autre côté, ils reproduisent la « culture professionnelle locale », avec ses habitudes, ses tours de mains, sa « débrouille »… et ses combines (ils restent toujours là, alors que les fonctionnaires sont, eux, soumis à la valse des mutations), et constituent la « mémoire » du service. Et enfin ils accentuent l'« informalisation » du service public, brouillant encore plus les frontières entre l'administration et le petit business marchand, entre le service public et les services privés, entre l'informalisation autour de l'État et l'informalisation à l'intérieur de l'État. S'ils ne sont pas systématiquement des vecteurs de corruption, ils peuvent néanmoins contribuer à l'euphémisation et à la banalisation des pratiques illicites (Blundo & Olivier de Sardan 2001).

D'autres traits du fonctionnement « réel » des administrations africaines sont sans doute d'introduction plus récente, au moins quant à leur échelle. Ainsi en est-il de l'absence de sanctions et du « chacun-pour-soi-isme ». On peut également ranger au nombre des innovations post-coloniales l'improductivité et l'absentéisme chronique des personnels, la généralisation de la corruption et la « privatisation informelle » des années 1980-90.

Au lieu que les bureaucraties africaines, après l'indépendance, ne s'éloignent de la variante coloniale atypique pour se rapprocher du modèle européen (ce que prédisaient les théories de la modernisation), au contraire l'écart entre les bureaucraties africaines et européennes s'est accru, d'une certaine façon. Ceci est particulièrement évident pour les bureaucraties d'interface.[40] Au moment où, au sein des bureaucraties européennes, des politiques d'amélioration de la qualité du service se mettaient peu à peu en place, à partir des années 80 et surtout 90 (ces politiques sont cependant loin d'être encore passées partout dans les mœurs...), les bureaucraties africaines d'interface sont restées prisonnières d'un modèle colonial que les innovations post-coloniales ont plutôt contribué à empirer qu'à améliorer (du point de vue en tout cas des rapports avec les usagers). Clientélisme, privilégisme, « chacun-pour-soi-isme », par exemple, ont convergé, au sein d'un environnement administratif de plus en plus dégradé, vers un mépris de plus en plus général de l'usager anonyme, associé souvent à un « racket » aux dépens de ce dernier, forme la plus courante de la corruption et de la privatisation informelle dans la bureaucratie d'interface.[41]

Dans un tel contexte, la « sur-personnalisation » apparaît alors plutôt comme un mécanisme compensatoire, qui seul garantit qu'un service réel soit rendu à l'usager, du moment qu'il est recommandé. La « perméabilité de la membrane » autoriserait ainsi une zone dérogatoire de fonctionnement personnalisé, par une importation épisodique dans la bureaucratie d'interface (le domaine du public méprisant) de relations « humaines » venues de l'extérieur (le domaine du privé chaleureux), ce qui permet tout à coup à une machine ordinairement inhumaine, prédatrice et dysfonctionnelle de devenir ponctuellement, pour un temps et pour quelqu'un, humaine, bienveillante et fonctionnelle. Cette membrane serait alors comme une soupape... Mais c'est un cercle vicieux qui s'instaure et s'élargit. Le sort peu engageant fait aux usagers anonymes rend d'autant plus nécessaire la mobilisation des réseaux de faveurs, ce qui accroît encore plus les dysfonctionnements d'une bureaucratie d'interface improductive et démotivée.

Conclusion. Insatisfactions et réformes

Des formes originales et paradoxales d'État et une insatisfaction générale

Il y a, rappelons-le, bien d'autres facteurs qui sont intervenus que ceux qui viennent d'être analysés ci-dessus, mais le résultat est en tout cas clair. Une bureaucratie moderne assez particulière s'est mise en place dans les États africains postcoloniaux, qui renvoie à des formes tout aussi particulières de gouvernance, très convergentes d'un pays à l'autre. Celles-ci ne sont ni de simples « déviations » par rapport à un « modèle » européen qu'il conviendrait de respecter ou d'imposer, ni encore moins des prolongements d'une soi-disant culture politique précoloniale. Ce sont des formes originales, relevant de la modernité de nos pays et de leurs histoires récentes.[42]

Cependant, ce n'est pas parce que l'État africain est original qu'il est satisfaisant. Toutes nos données témoignent au contraire d'une profonde insatisfaction tant des agents de l'État que des usagers par rapport au système de gouvernance en place. Constater une certaine « déliquescence » de l'État africain contemporain n'est pas forcément un préjugé occidental ethnocentrique, c'est au contraire le sentiment général qui se dégage de nos enquêtes auprès tant des fonctionnaires eux-mêmes que des usagers.

En même temps, un certain nombre d'activités de l'État « marchent quand même », tant bien que mal. Au-delà du diagnostic proposé plus haut, qui semble irrécusable, des îlots de fonctionnalité subsistent ou se créent parfois, ici ou là, et pas seulement du fait de la « perfusion » de projets d'appui ou d'aides sectorielles (bien que ce soit souvent pour de telles raisons). De même, un certain nombre de pratiques routinières assurent « malgré tout » un service en quelque sorte minimum, même s'il n'est pas véritablement satisfaisant. Ces États si particuliers ne sont donc pas « désagrégés », ou fantômes, et on est loin de la quasi-anomie observable ailleurs, là où sévissent ou ont sévi les guerres civiles. Le service public « survit », ne serait-ce que sous des formes bricolées et brinqueballantes, et il ne faut pas l'oublier. Ces États sont donc paradoxaux et ambivalents, entre d'un côté une « privatisation informelle croissante » et une qualité des services fournis considérée par tous comme catastrophique, et de l'autre côté une capacité indéniable à se reproduire vaille que vaille et à gérer à leur façon un niveau minimal d'activités publiques.

De plus, nous avons partout rencontré des « exceptions admirables », des fonctionnaires compétents, intègres, ou affables, des agents de l'État soucieux d'améliorer les prestations fournies. Certes, ces « réformateurs » ne sont aujourd'hui qu'une petite minorité, ils sont le plus souvent isolés, parfois aigris, mais ils existent.

C'est l'ensemble de ce contexte qu'il faut prendre en compte pour aborder la question des réformes, devenue urgente de l'avis général des citoyens de nos différents pays.

La question des réformes

On peut être assez sceptique sur la capacité des actuelles élites dirigeantes à produire de telles réformes « par en haut », et plus encore sur l'effet des injonctions externes, qui n'aboutissent qu'à accroître bien souvent les compétences déjà fortes de la classe politique en matière de « double langage » (celui à l'intention des bailleurs de fonds, et celui de la vraie politique et de la vraie gouvernance, entre nous, loin des arrogances et des naïvetés occidentales). Notre diagnostic appelle-rait plutôt à inventer de nouvelles formes de gouvernance « par en bas » (au ni-veau des services élémentaires de l'État) ou « par le milieu » (au niveau de l'appui aux cadres réformateurs), ce qui implique selon nous de partir des normes prati-ques et des comportements réels, plutôt que des normes officielles et des organi-grammes formels.

C'est pour cela que l'invocation des « formations » comme solution est sou-vent un leurre : non seulement les agents de l'État suivent ces formations pour des motivations souvent essentiellement pécuniaires (la « culture des per-diem »), mais encore elles ne font que rajouter de nouvelles couches de normes officielles à celles existantes, qui ne sont déjà pas respectées. Une fois fermée la parenthèse du séminaire de formation, et de retour sur leurs lieux de travail, les fonctionnai-res reprennent leurs habitudes de travail antérieures, autour des normes prati-ques, et reviennent à leur culture professionnelle locale.

Mais, au-delà de la nécessité ou de l'urgence d'un élan réformateur interne à l'État, ou, en tous cas, à certains de ses services, il semble évident que des « pressions externes », du côté de la dite société civile, sont nécessaires, avec la construction de nouvelles cultures citoyennes, l'émergence de réels mouvements civiques, ou l'apparition d'associations d'usagers.

Certes, cela est plus facile à dire qu'à faire, et l'on peut estimer qu'il s'agit-là de vœux pieux, qui relèvent de l'opinion du citoyen plutôt que du constat du cher-cheur. Mais le chercheur peut aussi se transformer en citoyen, à condition de ne pas confondre les deux rôles. Une des modalités de cette relation entre le citoyen et le chercheur peut s'inspirer de Gramsci quand il souhaitait conjuguer l'opti-misme de la volonté (je dirais : celle du citoyen) et le pessimisme de la raison (je dirais : celle du chercheur).

On peut aussi le dire autrement. Contre *l'afro-pessimisme* (qui bloque toute ac-tion), et *l'afro-optimisme* (qui se nourrit d'illusions), nous défendons un *afro-réalisme*, nourri d'enquêtes, qui croit en des réformes émergeant localement, mais qui en sait toutes les difficultés.

Notes

1. Il est vrai que la science politique ne dispose guère des méthodes adéquates ; celles-ci relèvent plutôt de la socio-anthropologie (*cf.* infra), laquelle, de son côté, s'est fort peu intéressée jusqu'ici à l'État moderne. En un sens, nous souhaitons combiner les thè-mes de la science politique et les méthodes de la socio-anthropologie : ceci nous sem-ble être la « formule gagnante ».
2. Thème du colloque de l'APAD à Leyden (2002).
3. Titre d'un ouvrage de Padioleau, 1982.
4. Titre d'un programme de recherche en cours du LASDEL.
5. Dans la mesure où les traditions de recherche empiriques de type qualitatif (fondées sur l'enquête de terrain, l'observation participante, les entretiens libres, les études de

cas) sont communes à l'anthropologie (héritière de l'ethnologie) et à une certaine sociologie dite parfois « qualitative » (issue de l'École de Chicago), nous préférons utiliser l'expression « socio-anthropologie ».

6. Certaines publications récentes en rendent compte, par exemple : Bierschenk et Olivier de Sardan (1998); Jaffré et Olivier de Sardan (2003). Cf. également la collection « Etudes et Travaux du LASDEL », et l'ouvrage en préparation sur « *Les pouvoirs locaux au Niger* » (J.P. Olivier de Sardan et M. Tidjani Alou, eds). Les analyses du présent texte doivent beaucoup à ma collaboration avec les co-auteurs de ces ouvrages. Je voudrais ici remercier particulièrement, outre l'ensemble des chercheurs du LASDEL, Mahaman Tidjani Alou, Nassirou Bako Arifari, Giorgio Blundo, Thomas Bierschenk et Mangone Niang.

7. Et bien sûr aussi des histoires politiques précoloniales très différentes.

8. D'autres éléments pourraient bien sûr être évoqués, tels certains que nous avons développés ailleurs : la polycéphalie des arènes politiques locales (Bierschenk & Olivier de Sardan 1998), les faibles capacités de régulation de l'État (idem), le pluralisme des normes (Chauveau, Le Pape & Olivier de Sardan 2001), les difficultés et mythes de la gestion communautaire (Olivier de Sardan & Elhadji Dagobi 2000)…

9. Cité par Souley, in Moumouni & Souley 2003.

10. Citations extraites de Souley, 2000 (cf. également Souley, 2003).

11. Cf. sur toutes ces questions, Blundo & Olivier de Sardan (2001a).

12. Pour une analyse détaillée de cette sémiologie populaire, en particulier en wolof et en zarma, cf. Blundo & Olivier de Sardan (2001b).

13. Cf. Olivier de Sardan (2001), pour une analyse des normes pratiques et des cultures professionnelles locales dans le champ de la santé

14. Dans le contexte du développement, la maîtrise de ce double langage est une ressource importante, comme en témoigne l'importance des courtiers en développement (Bierschenk, Chauveau & Olivier de Sardan 2000).

15. Une première version de l'analyse qui suit, débouchant sur le cas particulier de la santé, a été publiée dans Olivier de Sardan (2003).

16. Certes mépris et privilèges existent aussi au sein des bureaucraties du Nord : mais, comme on l'a vu plus haut, les dosages diffèrent…

17. Il est évidemment d'autres types de bureaucratie, relevant d'autres formes historiques, comme diverses bureaucraties impériales : romaine, chinoise, ottomane, etc. Mais la bureaucratie moderne s'en distingue tout aussi radicalement.

18. *Cf.* Sennett (1979), pour la construction de l'individu et de la sphère privée, qui est évidemment symétrique de la construction d'une sphère publique, et donc de la distinction des deux.

19. L'expression d'« appareil d'État », venue d'Althusser (1970), pourrait être reprise sous condition de ne pas la réduire à ses seules connotations « répressives ».

20. L'analyse des bureaucraties est ainsi un des thèmes fondateurs de la sociologie des organisations (Crozier 1963).

21. « *The social production of indifference. Exploring the symbolic roots of Western bureaucracy* » (Herzfeld 1992).

22. On se reportera entre autres au roman d'Achebe « *Le démagogue* », ou au film de Sembène Ousmane « *Le mandat* »...

23. Certes la métamorphose, si tant qu'elle doive aller à son terme, est loin d'être complète, et de solides secteurs de la bureaucratie d'interface classique subsistent : la bureaucratie d'interface « humanisée » est loin d'avoir gagné la partie...

24. Ce terme est pris au sens large ; plus généralement, la corruption est inséparable de tout un ensemble de « dysfonctionnements internes » des services publics (Blundo & Olivier de Sardan 2001).

25. On confond trop vite l'État et ses administrations, ce qui cache en fait un manque d'intérêt pour l'administration (pourtant centrale pour toute étude empirique de l'État) et une fascination pour l'État, terme plus noble, mais aussi beaucoup plus flou et polysémique.

26. Cet argument « culturaliste » irrecevable sous-tend en fait l'ouvrage de Chabal et Dalloz (1999), par ailleurs fort peu étayé empiriquement.

27. Certes, cette rupture fondatrice de la bureaucratie ne signifie pas pour autant la disparition pure et simple des modes de gestion antérieurs des affaires publiques : on assiste bien souvent à des formes d'« empilement » tant des pouvoirs successifs que de leurs appareils (Bierschenk & Olivier de Sardan (1998), en ce qui concerne le Bénin post colonial). Mais la bureaucratie moderne en tant que telle entend, selon ses propres normes, s'opposer à ces formes antérieures (rompre avec elles), même si dans les faits elle doit co-exister, malgré tout, avec elles.

28. Le constat de cette évidente « importation » de la bureaucratie par la colonisation ne signifie pas ici adhésion à la thèse de Badie (1992) sur l'« État importé » et son extranéité fondamentale, qui nie les processus d'hybridation et d'appropriation de l'État occidental par les sociétés du Sud, processus qui nous semblent au contraire fondamentaux (nous rejoignons Bayard (1989 ; 1996), sur ce point), mais qui ont été insuffisamment documentés en leurs formes pratiques.

29. Si le régime de l'indigénat a été supprimé en 1945, grâce à l'action des activistes politiques africains, les comportements des bureaucrates européens et africains (dits « évolués ») n'en ont pas été pour autant modifiés d'un coup de baguette magique.

30. *Cf.* Mamdani (1996). De mon coté, j'avais analysé le despotisme colonial en insistant sur l'un de ses aspects, l'exploitation despotique, en tant que système de ponction et d'extorsion (en produits, en travail, en numéraire : impôt, travail forcé, livraisons obligatoires, etc.) au service de l'Etat colonial, par le biais de la contrainte politique et de la violence (Olivier de Sardan 1984 : 159-172)

31. Le terme même d'« usager » apparaît significativement comme un anachronisme fort, en ce qu'il supposerait que l'indigène administré aurait été le « bénéficiaire » d'un « service » effectué à son profit par le fonctionnaire européen... Selon Brunschwig (1983 : 24-25), les agents européens de l'administration, souvent peu compétents, semblent avoir été pour la plupart motivés par l'« appétit de puissance » et la « recherche de l'intérêt matériel ». Telles ou telles illustres ou moins illustres exceptions ne démentent pas cette tendance.

32. Le contraste entre l'administration métropolitaine et l'administration coloniale a évidemment été déjà souligné, parfois d'ailleurs pour mettre en valeur l'administration coloniale : Delavignette (1939:24) oppose ainsi « l'administration impersonnelle, irresponsable, dépourvue de commandement » que l'on trouve en France et l'administration territoriale des colonies, dotée « d'un principe interne qui lui est propre : l'autorité

personnelle de l'administrateur, et, en dernière analyse, la personnalité dans l'art de commander » (Delavignette 1939:27), qu'il estime être l'administration de l'avenir, « révolutionnaire et autoritaire » (Delavignette 1939:27)…

33. La défense par les personnels auxiliaires « indigènes » de leurs privilèges face aux populations a souvent été relevée (Delavignette 1939:59).

34. La nécessité souvent soulignée pour l'administration coloniale de « composer » en fait avec les habitudes et coutumes locales–et donc ainsi *d'innover* par rapport à la rigidité du modèle métropolitain (Delavignette 1939:123) – passait par ces intermédiaires, ce qui aboutit à la *production* d'une forme originale et instable de bureaucratie.

35. Brunschwig cite entre autres une circulaire du gouverneur de Guinée par intérim qui dénonce les « cadeaux » reçus par les fonctionnaires coloniaux, et leurs « abus d'autorité pour des achats à vil prix » (1983 : 23-24). Le personnage de l'interprète décrit par Hampaté Ba dans « *L'étrange destin de Wangrin* » symbolise bien un certain type d'auxiliaires de l'administration coloniale.

36. Ceci a été souvent noté (Tidjani 2001:93). Les seules ruptures se feront (en Guinée, par exemple, ou dans une moindre mesure et plus tardivement au Bénin) par l'importation d'un modèle bureaucratique plus despotique encore, celui des pays dits « communistes ». Il est d'ailleurs significatif que, dans les deux premières décennies des indépendances et en période de guerre froide, même les régimes les plus pro-occidentaux aient emprunté aux pays de l'Est une certaine technologie politique (partis uniques, grands rituels politiques de masse….).

37. Comme les salaires restaient « locaux » et n'étaient pas alignés sur les anciens salaires coloniaux et leurs primes, le décalage entre la faiblesse des salaires officiels et l'ampleur des avantages et privilèges associés à une fonction s'est accru.

38. Selon l'expression de M. Tidjani Alou (1992).

39. Sauf dans les sociétés publiques ou semi-publiques.

40. Une analyse des couches supérieures de la bureaucratie africaine serait évidemment différente et mettrait en évidence d'autres phénomènes. Pour le Niger, voir Tidjani Alou (2001:17-19, 1996:72).

41. Certes, il a fallu, pour que cette culture bureaucratique commune aux administrations africaines puisse se reproduire quotidiennement, un environnement politique propice, en l'occurrence la crise générale de l'État en Afrique, voire sa déliquescence (Olivier de Sardan 2000), dont les principales causes sont bien connues : la quasi-banqueroute des États et les multiples retards de salaires dans de nombreux pays, les divers effets pervers des politiques d'ajustement structurel, le caractère fictif des budgets, l'irresponsabilité des élites politiques et leur « politique du ventre », la corruption électorale généralisée…

42. Je fais ici allusion à toute une série de réflexions stimulantes qui critiquent les visions de l'État en Afrique qui font de celui-ci une simple déformation, plus ou moins monstrueuse, de l'État occidental (Hibou 1999). Leur limite, toutefois, est de parler de l'État en général, dans un registre de la « caractérisation de l'entité étatique », et non de s'appuyer sur des données empiriques relatives au fonctionnement des administrations.

Références

Althusser, L., 1970, « Idéologie et appareils idéologiques d'État », *La Pensée*,151.

Badie, B., 1992, *L'État importé*, Paris, Fayard.

Bayart, J. F., 1989, *L'État en Afrique. La politique du ventre*, Paris, Fayard.

Bayart, J. F., 1996, « L'historicité de l'État importé », in Bayart J. F. (ed), *La greffe de l'État,* Paris, Karthala.

Bayart, J. F. (ed), 1996, *La greffe de l'État,* Paris, Karthala.

Bayart, J. F., Ellis S. & Hibou B., 1997, « De l'État kleptocrate à l'État malfaiteur », in Bayart, Ellis & Hibou, *La criminalisation de l'État en Afrique*, Paris, Editions Complexe.

Bayart, J. F., Ellis, S. & Hibou, B. 1997, *La criminalisation de l'État en Afrique*, Paris, Éditions Complexe.

Bierschenk T., Chauveau J. P. & Olivier de Sardan J. P. (eds), 2000, *Courtiers en développement. Les villages africains en quête de projets,* Paris, Karthala.

Bierschenk, T. & Olivier de Sardan, J.P. (eds), 1998, *Les pouvoirs aux villages : le Bénin rural entre démocratisation et décentralisation*, Paris, Karthala.

Blundo, G., 1998, « Élus locaux, associations paysannes et courtiers du développement au Sénégal. Une anthropologie politique de la décentralisation dans le Sud-Est du bassin arachidier (1974-1995) », Lausanne, Thèse de doctorat.

Blundo, G. et Olivier de Sardan, J. P., 2001, « La corruption quotidienne en Afrique de l'Ouest », *Politique Africaine*, 83: 8-37.

Blundo, G. et Olivier de Sardan, J.P., 2001, « Sémiologie populaire de la corruption », *Politique Africaine*, 83: 98-114.

Brunschwig, H., 1983, *Noirs et Blancs dans l'Afrique noire française*, Paris, Flammarion.

Chauveau, J. P., Le Pape, M. & Olivier de Sardan, J. P., 2001, « La pluralité des normes et leurs dynamiques en Afrique », in Winter, G. (ed), 2001, *Inégalités et politiques publiques en Afrique. Pluralité des normes et jeux d'acteurs,* Paris, Karthala.

Crozier, M., 1963, *Le phénomène bureaucratique*, Paris, Seuil.

Darbon, D., 1990, « L'État prédateur », *Politique africaine*, 39: 37-45.

Delavignette, R., 1939, *Les vrais chefs de l'empire*, Paris, Gallimard.

Dreyfus, F., 2000, *L'invention de la bureaucratie. Servir l'État en France, en Grande-Bretagne et aux États-Unis (18ᵉ-20ᵉ siècle),* Paris, Éditions La Découverte.

Goffman, E., 1961, *Encounters,* Indianapolis, Bobbs-Merrill.

Herzfeld, M., 1992, *The Social Production of Indifference. Exploring the Symbolic Roots of Western Bureaucracy*, Chicago, The University of Chicago Press.

Hibou, B., 1999, « De la privatisation des économies à la privatisation des États. Une analyse de la formation continue de l'État », in Hibou (ed) 1999, *La privatisation des États*, Paris, Karthala.

Hibou, B. (ed), 1999, *La privatisation des États*, Paris, Karthala.

Hours, B., 1985, *L'État sorcier. Santé publique et société au Cameroun*, Paris, L'Harmattan.

Jaffré, Y., 1999, « Les services de santé "pour de vrai". Politiques sanitaires et interactions quotidiennes dans quelques centres de santé (Bamako, Dakar, Niamey) », *Bulletin de l'APAD*, 17 : 3-17.

Jaffré,Y., 2003, « La configuration de l'espace moral et psychologique des personnels de santé », in Jaffré & Olivier de Sardan (eds).

Jaffré, Y. & Olivier de Sardan, J.P. (eds), 2003, *Une médecine inhospitalière. Les difficiles relations entre soignants et soignés dans cinq capitales d'Afrique de l'Ouest*, Paris: Karthala.

Koné, M., 2003, « "Contexte" et "gombo" dans les formations sanitaires », in Jaffré & Olivier de Sardan (eds).

Lipsky, M., 1980, *Street-level Bureaucracy: Dilemma of the Individual in public Services*, New-York, Russel-Sage Foundation.

Mamdani, M., 1996, *Citizen and Subject: Contemporary Africa and the Legacy of late Colonialism*, Princeton, Princeton University Press.

Médard, J. F., 1981, « L'État clientéliste transcendé, » *Politique Africaine*, 1: 120-124.

Médard, J. F., 1990, « L'État patrimonial », *Politique Africaine*, 39: 25-36.

Médard, J. F., 1991, « L'État néo-patrimonial en Afrique », in Médard J.F. (ed) *États d'Afrique noire: formation, mécanismes et crise*, Paris, Karthala.

Médard, J. F., (ed), 1991 *États d'Afrique noire: formation, mécanismes et crise*, Paris, Karthala.

Medard, J. F., 1998 « La crise de l'État patrimonial et l'évolution de la corruption en Afrique sub-saharienne », in Cartier-Bresson (ed), *Mondes en Développement*, 102: 55-68.

Olivier de Sardan, J. P., 1984, *Les sociétés songhay-zarma. Chefs, esclaves, guerriers, paysans...*, Paris, Karthala.

Olivier de Sardan, J. P., 2000, « Dramatique déliquescence des États en Afrique », *Le Monde Diplomatique*.

Olivier de Sardan, J. P., 2001, « La sage-femme et le douanier. Cultures professionnelles locales et culture bureaucratique privatisée en Afrique de l'Ouest », *Autrepart*, 20: 61-73.

Olivier de Sardan, J. P., 2003, « Pourquoi le malade anonyme est-il si mal traité ? Culture bureaucratique commune et culture professionnelle de la santé, » in Jaffré & Olivier de Sardan (eds) : 265-294.

Olivier de Sardan, J. P. & Elhadji Dagobi, A., 2000, « La gestion communautaire sert-elle l'intérêt public ? Le cas de l'hydraulique villageoise au Niger », *Politique africaine*, 80: 153-168.

Padioleau, J., 1982, *L'État au concret*, Paris, PUF.

Sennet, R., 1979, *Les tyrannies de l'intimité*, Paris, Seuil.

Souley, A., 2000, *Santé urbaine à Niamey : indicateurs de l'équité et de la qualité dans l'accès aux soins. Rapport final de l'enquête socio-anthropologique*, Niamey : IRD (multigr.).

Souley, A. 2003, « Un environnement inhospitalier », in Jaffré & Olivier de Sardan (eds).

Tidjani Alou, M., 1992, « Les politiques de formation en Afrique francophone. École, État et société au Niger » Bordeaux, Université de Bordeaux I.

Tidjani Alou, M., 2001, « Globalisation : l'État africain en question », *Afrique contemporaine*, n° spécial décentralisation.

Winter, G. (ed), 2001, *Inégalités et politiques publiques en Afrique. Pluralité des normes et jeux d'acteurs*, Paris, Karthala.

8

Entre panache discursif et praxis chaotique : de la nécessité d'une autocritique de l'intelligentsia africaine

Alexis B. A. Adandé

Introduction

Sans verser dans l'auto flagellation ou dans une recherche de nature à inhiber une communauté scientifique encore embryonnaire au niveau continental, il paraît bienvenu/opportun de procéder, entre autres, à une sorte d'examen de conscience pour situer sa propre pratique, celle du milieu auquel on prétend appartenir, dans la situation générale, vécue à différentes échelles, nationale, régionale et africaine. Notre propos est donc d'explorer un domaine sensible et relativement délicat, celui des mentalités ou plus exactement des pratiques sociales qui prévalent au sein de l'intelligentsia africaine, particulièrement sa fraction ouest-africaine qui est plus familière à l'auteur. Pour se faire, sera mis en regard, d'une part, les principes exprimés dans les écrits, le discours et dans les statuts d'organisations de chercheurs ou d'associations de professionnels de différents secteurs de la culture comme l'enseignement de disciplines de sciences humaines et/ou sociales et les musées et, d'autre part, la pratique concrète qui prévaut dans ces institutions autonomes gérées par des intellectuels africains et en dégager les conséquences. Cet exercice n'est déjà pas aisé pour la simple raison qu'il met en lumière des faits qui, parfois, tiennent purement et simplement de la délinquance sociale, mais il devient encore périlleux quand il apparaît que certains actes du genre sont couverts par des responsables de la haute administration d'États s'ils ne sont pas commis par eux-mêmes. Par ailleurs, dans l'expression, il y a le risque ou la tentation d'entretenir une polémique qui peut se révéler vaine si elle nous détourne de notre objectif majeur, contribuer à poser un juste diagnostic des maux qui minent la marche de l'Afrique vers un avenir assuré.

En effet, le contexte actuel ne semble pas favorable au continent africain, particulièrement à nos peuples qui vivent des drames sans noms, d'un autre âge que l'on aurait cru révolu, il y a une quarantaine d'années, au temps des « Soleils des indépendances » pour emprunter à l'écrivain ivoirien, Ahmadou Kourouma, une expression de sa verve. La crise contemporaine est sans précédent et touche tous les secteurs de la vie quotidienne des populations africaines ; très rares sont les secteurs épargnés s'il s'en trouve. Les racines du mal font l'objet d'investigation de différentes disciplines, ce qui justifie divers colloques, séminaires, conférences, ateliers et autres fora, aux niveaux national, sous-régional, régional ou international dans différentes localités du continent ou hors d'Afrique, avec ou sans la participation des Africains.

La préoccupation de cette contribution est d'examiner la question sous l'angle de la responsabilité des intellectuels africains, pris dans leur ensemble dans la transformation ou l'aggravation de la situation de notre continent et de nos pays respectifs. Vaste ambition que de vouloir embrasser une problématique du genre à une échelle aussi grande et dans un domaine à peine exploré que celui de la confrontation des discours ou écrits/publications et les actes posés publiquement, c'est-à-dire la praxis d'une catégorie sociale jouant un rôle privilégié dans le contexte historique présent de l'Afrique à la recherche de nouveaux repères et d'institutions correspondant aux défis d'aujourd'hui.

Aussi il est question d'adopter une approche progressive, tenant compte du fait que tout un programme de recherche scientifique sera nécessaire pour un examen approfondi d'un phénomène qui est simplement décrit ici et qui est porté à l'attention de la communauté des chercheurs africains, réunie pour tirer un bilan de sa propre activité. Partant d'une observation de faits, il est normal que les exemples qui nourriront notre réflexion soient tirés en priorité de notre expérience directe ou de notre connaissance d'actes de notoriété publique. La difficulté à ce niveau est de pouvoir observer le recul de jugement nécessaire à un minimum d'objectivité surtout quand certains problèmes relatifs à une absence d'éthique la plus élémentaire. Là se pose une autre question : celle de l'élaboration d'outils idoines pour une exploration d'un champ d'investigation jugé *a priori* vital par l'auteur.

Pour simplifier la présentation des faits, il sera adopté un développement géographique, en partant d'un niveau national (le Bénin contemporain servira de cadre), régional (l'Afrique de l'Ouest offrira ses limites) et continental (naturellement rien moins que le berceau de l'humanité est retenu pour le niveau idéal de réflexion sur l'avenir de nos peuples). Plus concrètement, des organisations de professionnels agissant dans le domaine de la culture, particulièrement dans les champs de l'enseignement, la recherche scientifique et le patrimoine archéologique ou « muséal » illustreront notre propos. L'histoire récente et les instances du CODESRIA, elles, nous serviront de références par rapport à celles des institutions individuelles que je vous invite à visiter pour un examen critique des actes et actions de ceux et celles qui les ont animées ou qui continuent de les gérer.

Expériences d'organisations nationales de professionnels au Dahomey/ Bénin

Nous évoquerons ici l'expérience de fonctionnement institutionnel de trois organisations de professionnels dont deux sont des sections d'associations de dimension continentale ou internationale.

Les avatars de l'Association dahoméenne des professeurs d'histoire et de géographie

C'est au moment où le besoin d'évoquer cette expérience s'impose que je réalise une certaine méconnaissance de l'histoire d'une association dont j'ai eu à assurer la gestion en tant que secrétaire général à partir de 1974, puis comme président jusqu'en 1978. Cette association a été constituée par des devanciers, dans le souci de promouvoir l'enseignement de disciplines dont la réforme remontait à l'année 1967 dans les pays francophones. Jusque-là, les programmes des collèges et lycées étaient calqués sur ceux de la France métropolitaine ! L'Afrique était ignorée, dans ses paysages, ses fleuves et sa faune, ses cultures et ses peuples. La formule : « nos ancêtres les Gaulois », n'est pas une boutade, tout le contraire d'une gauloiserie, car des générations d'Africains l'ont récitée dans leur tendre enfance, à l'âge où on découvre le monde et se forge une identité. Dans ce contexte, les associations d'enseignants ont joué un rôle important mais qui attend d'être exactement mesuré dans l'inversion de la tendance qui prévalait dans les contenus des programmes enseignés. On parlait à l'époque de leur « africanisation », comme on le revendiquait également pour les cadres des jeunes États. Pour être plus complet dans l'évocation du contexte, il faut ajouter que c'était l'époque où les Aînés faisaient triompher leur plaidoyer pour une (ré)écriture de l'histoire de l'Afrique que l'UNESCO a relayée en acceptant de superviser la monumentale *Histoire générale de l'Afrique*, parue en huit volumes. Dans la même foulée, ils constituaient à Dakar, en 1972, l'Association des historiens africains, sur laquelle nous reviendrons dans la suite de notre revue.

L'Association dahoméenne des professeurs d'histoire et de géographie (ASDAPROHG), dans ses dénominations, a suivi les péripéties des changements, tant au niveau national qu'en son propre sein. Le 30 novembre 1975, le Dahomey est rebaptisé République populaire de Bénin et les membres décident d'adopter tout simplement la dénomination d'Association nationale d'histoire et de géographie (ASNAHG). Comme son prédécesseur, elle a poursuivi le travail d'encadrement des jeunes collègues, souvent dépourvus de formation pédagogique initiale, avant l'ouverture de l'École normale supérieure, à Porto-Novo, en 1977. Cette même date marque un autre moment fort dans l'histoire récente du système éducatif béninois, celui de l'institution de l' « école nouvelle » aux grandes ambitions d'une réforme en profondeur. Cette association s'est impliquée à fond dans les études en vue de la révision des programmes d'histoire et de géographie dans le sens d'une meilleure connaissance de leur milieu de vie et de la capacité des jeunes apprenants béninois à le transformer sans le détruire de façon irréversible. Après des années d'activités intenses, ponctuées de sessions de réflexion et de formation pédagogique, de publication de fascicules pour les enseignants et les élèves ainsi que la parution régulière de son organe de liaison, *Histoire et Géographie- Nation & Développement*, l'ASNAHG a sombré dans les années 1980 dans une profonde léthargie dont a résulté, en 1988, une nouvelle organisation l'Association pour la promotion des enseignements de l'histoire et de la géographie (APEHG). Que s'est-il passé pour qu'une association dynamique de professeurs d'histoire et de géographie qui animait la vie pédagogique et même scientifique au Bénin, menait des échanges actifs avec des organisations similaires de pays voisins comme le Togo et l'association Ibn Battuta au Burkina Faso, cesse brusquement d'être visible ? Il apparaît que bon nombre des responsables de l'association venaient, à l'époque, de passer une thèse de doctorat qui les autorisaient à postuler. dans un établissement universitaire, à la faculté ou à l'École normale supérieure. Ce changement de statut pourrait expliquer un certain désintérêt par rapport à une organisation surtout établie au secondaire. Mais cette explication n'est pas satisfaisante puisque nombre d'enseignants du supérieur ont souhaité le maintien d'une organisation qui a fait ses preuves, dès qu'une solution alternative a finalement été trouvée, ils ont adhéré à la nouvelle association. Pourquoi a-t-il fallu recourir à une telle sortie de crise ? Interpellés, les intéressés n'ont pu donner une justification satisfaisante de leur attitude de blocage. Le fait est qu'ils agissaient en violation flagrante et des statuts et du règlement intérieur de l'ASNAHG. Aujourd'hui, les responsables actuels de l'APEHG plongent l'association dans une même situation de léthargie en se refusant de convoquer l'assemblée générale, instance souveraine de l'organisation. Pourtant les acteurs ont changé mais les attitudes demeurent, ce non-respect des textes fondateurs et une sorte de mépris pour ceux qui les ont élus. Ils n'ont aucune considération pour les dommages infligés à la communauté et aux bénéficiaires des activités courantes de l'association, les adhérents, certes, mais aussi et surtout des générations d'élèves ! Faut-il souligner que cette apathie actuelle de l'APEHG jure avec les besoins cruciaux des enseignants et des apprenants en matériel didactique pour accompagner la nouvelle réforme en cours sur les programmes et les méthodes d'enseignement en histoire et en géographie en République du Bénin ?

L'Association béninoise des historiens (ABH)

Dans la foulée de la participation active de l'ASNAHG aux événements publics organisés en marge des travaux du Comité scientifique pour la rédaction de *L'Histoire générale de l'Afrique* qui s'est tenue à Cotonou en juillet-août 1975, s'est constituée une section nationale de l'Association des Historiens africains. Elle a été dénommée Association béninoise des historiens qui depuis lors n'a plus tenu d'assemblée générale et de ce fait n'a pas connu de renouvellement de son bureau directeur. Le président est un Aîné. Inutile de préciser qu'aucun jeune chercheur n'est au courant de l'existence de l'ABH, constituée pourtant il y a maintenant vingt-huit ans !

À un niveau régional, il n'y a pas de structure regroupant les historiens ; nous reviendrons plus tard sur ce que nous connaissons de l'association panafricaine des historiens mais avant, nous souhaiterions évoquer quelques expériences associatives et d'organisations régionales de professionnels de la recherche ou de la culture. Pour clore avec les évocations à un niveau national, passons en revue l'évolution récente d'une organisation des professionnels de musée que nous avons contribué à mettre en place.

Le Comité béninois du conseil international des musées (COBICOM)

Ce comité national est un démembrement de l'organisation non gouvernementale internationale dénommée ICOM (International Council of Museums) dont le siège est abrité par la Maison de l'UNESCO, à Paris. Il a été constitué à la suite d'une visite du premier président africain de ce Conseil, Alpha Omar Konaré, en 1987. Il permet aux professionnels de musées et aux chercheurs qui s'intéressent aux collections muséales de se retrouver et d'agir de concert pour assurer la sauvegarde et la promotion du patrimoine tangible. Le COBICOM a été, plusieurs années durant, un comité africain modèle en ce sens que les assemblées annuelles étaient régulièrement tenues avec l'envoi des rapports correspondants au secrétariat à Paris. Il a contribué, selon les recommandations de l'ICOM, à faire dégager par le ministère de la culture, un minimum de moyens financiers en obtenant pour les musées de retenir 75% des recettes pour les dépenses urgentes et si possible pour exécuter leurs programmes propres. C'étaient dans l'esprit des initiateurs les bases d'une autonomie minimale pour ces institutions culturelles souvent négligées au Bénin et plus généralement en Afrique de l'Ouest. Curieusement, l'équipe d'universitaires qui a assuré la relève, a commencé par montrer des signes d'un dynamisme renouvelé mais qui n'a pas tenu ses promesses initiales puisqu'elle s'est retirée en 2001 sans présenter de bilan et après avoir négligé de rendre régulièrement compte à ses mandants. Il faut constater que ces pratiques tendent à devenir une tradition puisque la nouvelle direction, dès la première année de son mandat, n'a pas jugé utile d'organiser la réunion statutaire annuelle et c'est finalement sous la pression des membres qu'elle a fini par organiser une assemblée générale au cours de laquelle aucun bilan financier n'a été présenté. Une fois de plus, on constate une difficulté à s'imposer le respect scrupuleux des textes qui régissent l'organisation.

Examinons maintenant les pratiques qui ont cours dans nos organisations régionales de professionnels.

Expériences d'organisations régionales de chercheurs et de professionnels du patrimoine culturel

Trois organisations sont choisies comme étude de cas, deux dans le domaine des musées et une association régionale d'archéologues, probablement la seule de notre région malgré plusieurs tentatives d'en susciter d'autres sur la base de la division à entretenir entre institutions francophones et anglophones.

Le Comité ICOM pour l'Afrique de l'Ouest (CIAO)

Suite à la tenue en novembre 1991 des premières rencontres internationales de l'ICOM sur le continent africain autour du thème « Quels musées pour l'Afrique ? Patrimoine en devenir », il a été mis en place une structure de coordination régionale dénommée CIAO dont la responsabilité a été attribuée à Samuel Sidibé, directeur du Musée national du Mali, à Bamako, Alpha Oumar Konaré étant président du comité exécutif. Le fonctionnement, les activités, le mode de désignation des membres de cette structure mériteraient de retenir l'attention d'un analyste car une bonne étude documentée révélerait probablement les racines du mal dont souffrent bien d'institutions de la culture dans cette partie de notre continent. À défaut d'un bilan accessible, il ne nous est pas possible d'aller au-delà du constat de ce qui apparaît comme de l'opacité. En son temps, le secrétariat de l'ICOM n'a pas beaucoup aidé à éclairer la lanterne des membres ni des bureaux des comités nationaux sur la réalité de l'existence et sur le mandat exact de cette structure régionale. Toujours est-il qu'elle a reçu du secrétariat à Paris, une dotation pour faire paraître un bulletin de liaison mais ce projet s'est révélé vain parce que le trésorier aurait disparu avec les fonds ! Encore une affaire d'Africains...

The West African Museums Programme (WAMP)/ Le Programme des musées d'Afrique de l'Ouest

Le WAMP est depuis octobre 1996 une organisation non gouvernementale régionale, la première du genre basée en Afrique, qui se consacre au développement des musées. Créée en 1982 sous l'égide de l'Institut africain international dont le siège est à Londres, au Royaume Uni. Commencé comme un projet, sous la responsabilité de feu Philip Ravenhill, originaire de Grande-Bretagne, le WAMP s'est consolidé au point de prendre son autonomie et voler de ses propres ailes. Il est piloté par un Conseil d'administration (CA) présidé par une personnalité du domaine des musées ou qui lui est proche et les programmes sont réalisés sous la responsabilité d'un directeur exécutif assisté d'un personnel administratif et de conception qui constituent le secrétariat au siège à Dakar.

Comme toute organisation, le WAMP est doté d'un statut et d'un règlement intérieur qui lui donne ses cadres juridique et réglementaire (West African Museums Programme 2000). La régularité de la tenue des séances annuelles du Conseil d'administration est affirmée de même que la durée des mandats de ses membres. Les prérogatives du directeur exécutif sont clairement délimitées de même que ses rapports avec ses collaborateurs dont les modalités de recrutement sont du ressort du seul Conseil d'Administration, pour les cadres de conception. La gestion des fonds également est une question délicate, vu l'importance des montants que des bailleurs peuvent confier à l'ONG qui agit au nom d'une communauté, celle des professionnels des musées et structures associées de l'Afrique de l'Ouest, sans discrimination entre anglophones, francophones ou lusophones. Ce dernier aspect fait d'ailleurs la force du WAMP. Dirigée essentiellement par des Africains après le départ de Philip Ravenhill, son fondateur, cette organisation constitue un véritable test de capacité des autochtones à édifier, diriger et renforcer les institutions qu'ils se sont librement donnés pour répondre à des besoins qu'ils ont eux-mêmes identifiés. En fait, le WAMP, toutes proportions gardées, occupe à l'échelle de l'Ouest africain et dans le domaine du patrimoine, la position qui est celle du CODESRIA, au plan continental et dans les sciences sociales.

L'expérience de l'histoire récente du CODESRIA devrait inspirer les membres du CA du WAMP pour mettre en place des garde-fous pour éviter des déviations dangereuses dont les signes avant-coureurs se sont clairement manifestés quand des membres du conseil ont tenté de prolonger indûment leur mandat alors qu'ils l'avaient déjà largement dépassé au regard des statuts en vigueur. Par ailleurs des documents de travail, récemment mis en circulation par le secrétariat du WAMP, peuvent susciter des questions quant aux pouvoirs dévolus au Directeur exécutif et aux chargés de programme, en d'autres termes au secrétariat, dans la sélection des dossiers soumis dans le cadre de programmes, en l'occurrence celui des petites subventions, un des plus importants de l'ONG. Les risques de déviance sont grands et s'ils se concrétisaient, ce serait naturellement au détriment des professionnels des musées et de leurs institutions respectives. Le dommage moral collectif serait plus grand en raison des préjugés qui courent sur les méthodes de gestion des intellectuels africains dans certains milieux occidentaux. Une question de responsabilité... collective en quelque sorte qui nous est ainsi posée.

L'expérience pénible vécue par une autre organisation régionale de professionnels, celle des archéologues, devrait également servir d'exemple aux dirigeants du WAMP et rendre plus vigilante la communauté des professionnels du patrimoine culturel.

L'Association ouest africaine d'archéologie (AOAA) / West African Archaeological Association (WAAA)

Cette association régionale constituée en décembre 1976, à Enugu, en République fédérale du Nigeria, est probablement la plus ancienne organisation régionale de professionnels encore existante. Pourtant cette association a failli être emportée par une grave crise qui l'a affectée dans les années 80. Depuis sa création à 1984, l'AOAA avait tenu assez régulièrement ses colloques qui ont lieu statutairement tous les deux ans. Il s'est trouvé que le colloque de Nouakchott, a coïncidé avec le coup d'État militaire du colonel Maouya Ould Taya et nombre de membres n'ont pu assister à cette rencontre dont certains responsables du bureau élu quelques années plus tôt à Gorée. La décision de prolonger le mandat de tous les membres du bureau exécutif et la difficulté pour trouver un lieu pour héberger le colloque suivant, le Niger s'étant désisté en 1986, la voie était ouverte pour une crise. Elle a effectivement éclaté quand le Président du bureau, Jean-Baptiste Kiéthéga a acquis la conviction que le reliquat des fonds obtenus de la Fondation Ford pour l'organisation du colloque avaient été détournés par le Secrétaire général avec la complicité tacite du trésorier. La situation au sein du bureau s'est sensiblement dégradée et il a fallu toute la détermination du Président pour éviter la catastrophe d'une disparition définitive de notre organisation régionale, unique forum de rencontres et d'échanges entre archéologues de l'Afrique de l'Ouest sans barrières linguistiques (francophones/anglophones), de connaissance mutuelle entre chercheurs de différentes générations et avec les collègues européens ou euro-américains travaillant dans notre région. À l'occasion des rencontres de l'ICOM à Lomé, en 1991, une table ronde informelle des professionnels de musée et des archéologues a été conviée à faire des propositions pour aider à débloquer la situation de l'AOAA. Ainsi, mission a été donnée aux collègues burkinabè d'organiser le colloque en 1992 à Ouagadougou et tous les collègues présents ont été invités à prendre toutes les dispositions nécessaires pour y participer effectivement. L'opération de sauvetage a eu lieu en juillet/août, c'était le Ve colloque qui relançait les activités de l'AOAA et recommandait des orientations pour la formation des archéologues en Afrique. De même, il fut recommandé l'ouverture d'un centre régional de formation en archéologie à Ouagadougou, car les conditions d'en faire un pôle d'excellence paraissaient bonnes, particulièrement le profil diversifié des enseignants, l'existence d'un laboratoire d'archéologie (Adandé et al. 1994).

Au VIᵉ colloque réuni à Cotonou, en mars/avril 1994 (Adandé *et al.* 1996), la question, entre autres, des collègues fautifs a été examinée par l'Assemblée générale qui a décidé de faire un exemple en blâmant le Secrétaire général et le Trésorier élus à Gorée en 1981. À cet effet, instruction a été donnée au nouveau bureau d'engager des poursuites judiciaires contre les deux coupables, après avoir signalé le fait à leurs institutions d'attache respectives. Grande a été la déception des membres du bureau, présidé alors par Madame le Professeur M.Adebisi Sowunmi, quand ni Monsieur le Recteur de l'Université Cheikh Anta Diop, ni le Directeur de l'Institut fondamental d'Afrique noire Cheikh Anta Diop, n'ont répondu à ses courriers. Par ailleurs, l'association qui sortait de crise, n'avait pas les moyens de se payer les services d'un avocat pour présenter à la justice un cas qui pouvait être frappé de prescription. Au total, l'opération mains propres n'a pu aboutir ; elle visait pourtant à décourager de telles attitudes irresponsables et tenter de réhabiliter notre organisation régionale qui est placée du fait de cet acte répréhensible, sur la liste rouge des fondations. À un autre niveau, l'absence de réaction des autorités académiques et institutionnelles sollicitées ne concourt pas à dissiper, ce qu'il faut bien qualifier de clichés négatifs qui ont cours sur les collègues sénégalais singulièrement et, plus généralement, sur les « Francophones ».

Enfin sur le plan institutionnel, les initiatives de l'AOAA rencontrent des attitudes d'hostilité à peine voilées qui sont, à bien observer, des actes politiques visant à briser toute dynamique intégrative régionale tant au niveau de la formation qu'à celui du contenu et de l'orientation des travaux. Sinon comment comprendre la décision du ministère français de la Coopération d'ouvrir en 1997, à Nouakchott, un Centre régional inter-africain d'archéologie (CRIAA) dont la direction a été confiée tout naturellement, dans cette logique, à un « expatrié » français. Pourtant, la partie française ne pouvait ignorer la décision de l'AOAA de doter notre région d'un centre où seraient concentrés tous les moyens disponibles par souci d'efficacité (Groupe de travail sur la recherche archéologique en Afrique francophone et lusophone 1995). Plus inquiétant, c'est la capacité de cet expatrié doté de quelques fonds à mobiliser des collègues sur une orientation de publication, sinon de recherche qui va à l'encontre des principes fondateurs de notre association régionale : diviser l'Ouest africain en zones dont la pertinence scientifique paraît bien problématique, au regard des pays et des cultures qu'ils recouvrent. La publication collective, parue sous la direction de Robert Vernet et titrée : *Archéologie de l'Afrique de l'Ouest – Sahel et Sahara,* parue en 2000 aux Éditions Sépia, semble bien consacrer une certaine idée de l'Ouest africain utile au plan archéologique et d'un point de vue extraverti, ici français, et le reste dont l'espace anglophone moins accessible.

En fait, la recherche archéologique a de tout temps été un domaine d'investigation très sensible (Andah *et al.* 1994, Adandé 1992 ou 1996), même si les Africains, y compris certains professionnels de la discipline, ne semblent pas percevoir, par leurs choix ou leurs actes, les enjeux. Il n'en est pas de même pour les archéologues africanistes et leurs pays respectifs qui considèrent l'existence d'institutions africaines autonomes comme une menace pour leurs positions personnelles et pour la prééminence de leur pays (Domergue 1992). Les tribulations de la question de la formation d'archéologues francophones en Afrique trouve ainsi clairement la réponse française. Tirant sa conclusion sur cette question, Jean-Baptiste Kiéthéga écrit :

> Si un quart de siècle après, on est toujours en attente d'archéologues compétents et en nombre suffisant pour les pays africains, c'est parce que, comme le disait C.A. Diop, 'la prise de conscience de soi' a longtemps manqué aux Africains qui ont ainsi, sciemment ou inconsciemment, livré, par leur absence sur le terrain, le patrimoine culturel au pillage (Kiéthéga 1999).

Au niveau continental, le problème de la maîtrise par les Africains patriotes ou simplement conscients des organisations de professionnels est semble-t-il d'une autre ampleur, particulièrement en archéologie.

Expériences d'organisations panafricaines de professionnels du patrimoine culturel et de chercheurs

À ce niveau, la lutte de certains Aînés a été déclenchée relativement tôt. Mais pour des raisons qui nous échappent encore, le reflux est manifeste. En l'absence de toute étude, il est difficile d'aller au-delà du constat des effets négatifs d'une certaine rupture d'une tradition de combat pour s'assurer la maîtrise d'organisations panafricaines au profit d'une communauté de chercheurs et non d'individus, camouflés sous le « manteau » (ou le « boubou », selon les circonstances) de l'expertise. Dans ce dernier cas de figure, ils peuvent être Africains ou « expatriés », peu importe.

Le Congrès panafricain de préhistoire et des études associées

S'il y a une organisation panafricaine de chercheurs dont l'histoire mérite d'être écrite dans des délais rapprochés, c'est certainement celle-ci. D'abord elle est la plus ancienne, elle a été fondée en 1947, à Nairobi, à l'initiative de Louis S. Leakey, et a été connue sous le nom de Congrès panafricain de préhistoire et d'études du quaternaire. Elle visait à entretenir des échanges entre préhistoriens européens ou d'origine européenne sans distinction de nationalité, l'essentiel étant d'avoir l'Afrique comme terrain d'investigation. Les changements de noms successifs à eux seuls traduisent les luttes âpres menées par des Africains pour se réapproprier un instrument stratégique. Cette lutte est loin d'être achevée, elle semble même marquer une franche reculade après les congrès de Harare en 1995 et de Bamako en 2001. Au Zimbabwe, des intrigues dont les tenants et les aboutissants restent à être élucidés, ont permis d'écarter en dépit des statuts, le secrétaire général, feu Professeur Bassey W. Andah. Au Mali, un groupe d'archéologues euro-américains et européens ont décidé, pour des raisons qui leur sont propres, de changer unilatéralement la dénomination de l'organisation, dans le silence ou l'indifférence des Africains présents, probablement ignorant des combats de leurs Aînés à Nairobi, lors du 40e anniversaire du Congrès panafricain, en 1987. Désormais la nouvelle dénomination perd son qualificatif de panafricain pour devenir l'Association africaine d'Archéologie et demain on pourra sous-titrer comme les Français en Afrique de l'Ouest, telle ou telle fraction du continent dont on aura fait un fief de recherche, avec bien sûr un ou des Africains comme paravent(s). Cette précaution n'est pas toujours utile quand il s'agit de parler d'archéologie en lieu et place des Africains comme cela a été le cas en 1992. La Banque mondiale avait organisé à Washington DC une conférence internationale sur « Développement et Culture en Afrique ». Pour des questions touchant à l'avenir de la recherche sur le continent, la discipline était représentée par un Belge et deux Euro-Américaines. La situation n'a pas beaucoup évolué depuis. Notre continent est probablement le seul, en ce début de XXIe siècle, où le syndrome de la bande dessinée *Tintin au Congo* n'est pas que de la simple littérature infantilisante, à classer dans les archives de la période coloniale impérialiste. Hélas, il est de l'ordre du vécu quasi quotidien, en archéologie du moins !

La responsabilité des intellectuels africains n'en est pas moins engagée dans l'affaiblissement des institutions qu'ils ont eux-mêmes forgées, comme c'est le cas de l'Association des Historiens africains.

L'Association des historiens africains (AHA)

Cette association est née en 1972 à Dakar de la volonté de chercheurs africains de doter la recherche historique sur le continent d'un instrument de concertation et d'échanges au niveau continental, avec un organe de publication *Afrika Zamani*. Le second congrès s'est tenu dans le respect des statuts trois années après, à Yaoundé, au Cameroun en 1975 (*Afrika Zamani* 1976). Pour le jeune chercheur que nous étions à l'époque, ce fut un moment fort et ce fut avec beaucoup d'émotion que nous avions suivi le rapport dramatique fait par notre délégation au retour avec les empoignades de collègues qui n'ont pas, au dire de nos délégués recoupés par la suite par d'autres témoins, hésité à exhiber des arguments contraires à la Téranga sénégalaise pour ne pas dire à l'idéal panafricaniste, pour briguer certains postes au sein du bureau de l'association panafricaine...

Au total, il a fallu attendre plus d'un quart de siècle plus tard pour que se tienne à Bamako le troisième congrès en novembre 2001. Aucun bilan n'a été présenté, aucun argument crédible n'a été proposé pour expliquer pourquoi le congrès régulier n'a pas été réuni à la date échue. Seul le respect du grand âge ne nous permet pas d'aller plus loin dans l'analyse critique d'une situation qui a pénalisé des générations de chercheurs qui ignoraient jusqu'à l'existence d'une association panafricaine d'historiens. À Bamako, à cette occasion également, les Africains ont assisté, quand ils n'étaient pas directement parties prenantes, à des jeux d'influence essentiellement entre écoles françaises avec des épisodes parfois cocasses. Une fois encore, il est resté un sentiment difficile à cerner mais laissant un arrière goût amer d'interrogations sur l'égoïsme, un manque de sagesse par rapport à la relève à préparer à affronter le monde féroce et manipulateur de l'africanisme euro-centriste pour reprendre la formule vigoureuse de Obenga (2001).

Pour un approfondissement de l'impact de l'africanisme sur les études africaines, nous recommandons la lecture de la contribution de Médeiros (1996) et l'ouvrage de Zeleza (1997). Il faut cependant reconnaître que l'africanisme a, lui au moins, le souci d'assurer sa propre reproduction à travers de puissantes organisations, ses universités et leurs publications. Bref, il y a une véritable nécessité d'une auto-critique approfondie des intellectuels africains au regard des pratiques quasi suici-daires de ceux qui prennent la responsabilité d'affaiblir nos institutions et qui n'arrivent pas à rendre le tablier quand ils sont empêchés d'agir, en respectant les textes qui régissent ces associations, ces organisations de professionnels. Toute-fois, il faut rendre justice aux collègues qui se sont imposés de grands sacrifices pour maintenir en vie la revue *Afrika Zamani* et qui se sont battus pour la tenue effective du IIIe congrès et la refondation de l'Association panafricaine des histo-riens. Hommage doit leur être rendu ainsi qu'à nos hôtes maliens pour la qualité de l'organisation de ce congrès et leur fraternel accueil. Il n'est que justice que le siège de cette association soit transféré dans la capitale du Mali contemporain. Il revient bien sûr à la nouvelle direction de (re)constituer un réseau de chercheurs à l'échelle continentale en encourageant la (re)mise en place d'associations natio-nales actives et en stimulant la production intellectuelle et les publications des historiens africains. La prise en charge par le CODESRIA de la revue *Afrika Zamani* augure d'un avenir moins incertain pour l'organe de l'AHA et, reste à l'équipe éditoriale de se montrer à la hauteur des espérances placées en elle.

L'Association africaine des professionnels de musée (AFRICOM)

Elle est une des plus récentes organisations de professionnels au niveau conti-nental, constituée comme une ONG en 1999, à Lusaka, en Zambie. Elle est affi-liée à l'ICOM après avoir été gérée comme un programme par une Française , depuis le siège à Paris. L'essentiel du financement provient de l'Agence suédoise pour le développement en coopération (ASDI/SIDA). L'histoire de cette organi-sation serait tout aussi révélatrice des problèmes sous-jacents aux pratiques équi-voques d'un microcosme de professionnels africains (ou à double nationalité) qui défendent, sous le couvert de motivations apparemment généreuses et fédératri-ces, des intérêts personnels. Les procédés employés, souvent en complicité avec le Secrétariat de l'ICOM – surtout du temps de Madame Elisabeth Des Portes, alors secrétaire générale – sont tout simplement inadmissibles. Il y a, là aussi, un besoin d'une étude critique et minutieuse du bilan du programme AFRICOM, par un groupe de chercheurs africains indépendants de ce milieu. On notera avec intérêt que la secrétaire générale française, au terme de son mandat, a été décorée par les autorités de son pays pour services rendus à la patrie. Quant aux professionnels africains qui ont pris en main cette ONG, il importe que l'ensemble de la commu-nauté des spécialistes du patrimoine muséal du continent puisse s'assurer de leur intégrité morale d'autant que la pratique sociale de certains laisse à désirer. En milieu européen de la conservation préventive on n'hésite pas à les désigner du sobriquet peu flatteur mais bien significatif de « dinosaures ». Eux-mêmes, dans des moments de confidence, préfèrent se désigner comme étant de « vieux crocodiles ». C'est tout dire ! À ce stade, on ne peut que souhaiter que cette jeune organisation prise d'assaut par de redoutables carnassiers et leurs épigones plus jeunes, s'inspirent des principes rénovés du CODESRIA tant pour le contrôle des activités que pour celui de l'utilisation des ressources. Il en devrait être de même pour l'intégration de jeunes professionnels aux équipes opérationnelles et à la direction de l'institution. Obstacle devrait être fait à toute manœuvre pour instaurer le clientélisme comme cela a tendance aussi à se développer dans d'autres instances panafricaines. Il en dépend de l'efficacité de l'organisation et de la crédibilité des professionnels du patrimoine culturel africain pris dans leur ensemble.

En guise de conclusion

Au terme de cette évocation d'expériences diverses, on retiendra une constante : la fragilisation de la plupart des organisations de professionnels tant d'enseignants, du monde de la recherche, que du patrimoine culturel par des actes souvent en marge ou en contradiction avec les textes fondateurs. Un tel comportement est à mettre en parallèle avec des pratiques courantes dans le monde des partis politiques et de la gestion des États y compris ceux qui ont le label de démocratiques. En effet, quand on amorce une étude comparative des attitudes des responsables de partis politiques et des dirigeants d'associations ou organisations professionnelles ou encore d'ONG, force est de constater que les similarités paraissent plus nombreuses que les points de divergences au niveau des pratiques sociales. De même pour les méthodes de gestion et surtout les comportements face au principe du respect des textes fondateurs (statuts, règlement intérieur, loi fondamentale, constitution, etc.) il est tout aussi curieux de noter les analogies. Ces convergences ne sont certainement pas le fait du hasard et invitent à une plus grande attention de la praxis des intellectuels africains qui, en tant que communauté, devraient entreprendre une autocritique de fond. Il est évident qu'il ne saurait y avoir de démocratie vécue au quotidien sans une culture démocratique, non seulement énoncée mais également pratiquée dans chaque acte posé.

Certes, il y a heureusement des exceptions notables à ces pratiques qui poussées à leur ultime développement, tiennent de la simple délinquance et qui, juridiquement, devraient recevoir leur sanction pénale correspondante. Ici, également, se pose, comme en politique, la question de l'impunité ou pire, celle de la complicité tacite de la communauté scientifique africaine pour des actes ou des productions intellectuelles criminels ou au moins criminogènes. Le concept xénophobe de l'ivoirité est bien un distillat de l'intellect de certains historiens locaux dont au moins un est l'auteur respecté de chapitres de *L'Histoire générale de l'Afrique*, publiée sous l'égide de l'UNESCO. Les pairs de ces historiens fourvoyés tardent à leur donner la réplique, comme d'ailleurs ceux de ces journalistes probablement vénaux qui appellent au meurtre, sûrs de l'impunité de leur forfaiture morale, pour ne pas évoquer la déontologie de leur métier. Le célèbre romancier ivoirien Ahmadou Kourouma a (c'est le cas de presque tous les auteurs) déformé grossiè-rement l'histoire des Afro-Brésiliens de retour et les promettre à un génocide de la part des « autochtones », dans son ouvrage intitulé *En attendant le vote des bêtes sauvages* (1998). C'est ce que dénonce avec justesse Verschave (2000:190, note 2). Il y a nécessité de secréter d'urgence, sur notre continent, une véritable culture de la paix, ce qui passe obligatoirement par une lutte intransigeante contre l'intolé-rance et les intégrismes de toutes sortes. Mais cela n'est possible que par un ren-forcement des *institutions démocratiques* aussi bien au niveau des États que des orga-nisations non gouvernementales et associatives, nationales, régionales ou panafricaines. Ainsi, faudra-t-il passer, comme nous y invite Alioune Tine de la Raddho (Rencontre africaine pour la défense des droits de l'homme), « d'une culture de la représentation (au sens cinématographique et théâtral) et du sym-bole institutionnel ... vers une culture de l'application et du respect des textes (souligné par nous) » (2000:45).

De toute évidence, ce passage ne se fera pas sans difficultés, vu les mauvaises habitudes acquises jusque dans le milieu de la recherche et dans la vie associative des intellectuels où un manque notoire de culture démocratique dans la pratique sociale quotidienne pousse au mépris des textes fondateurs et naturellement à une praxis déviante certains dirigeants d'ONG ou d'association. Ici, comme nous l'avons constaté, se pose aussi le défi de l'impunité. Le relever est un préalable à toute solution de fond aux menaces de déviance dans l'intelligentsia africaine.

Tout étant lié, les interférences de puissances extra-africaines ou d'africanistes euro-centristes sur les décisions et les initiatives africaines en matière de politique de recherche scientifique et dans le domaine culturel n'auraient pas leur impact actuel si nos organisations professionnelles étaient puissantes et nos capacités consolidées (Afouda 2002, Hountondji 1997, 2002). Sinon comment ne pas dor-mir sur *La Natte des autres* quand on se prive consciemment ou non des instru-ments nécessaires à tresser la sienne propre ? (Ki-Zerbo 1992). Comment *Vaincre l'humiliation* quand on s'affaiblit en tant qu'intelligentsia autonome en préférant *la culture de la consultation* à la pratique conséquente du travail collectif ? (Tévoedjrè 2002). Cette dernière déviance qui prend une ampleur inquiétante, explique en partie, le foisonnement d'*éléphants blancs intellectuels* dont le plus fameux (ou le plus triste) est probablement le Plan d'action de Lagos.

Il est donc indispensable pour les intellectuels africains de procéder à une autocritique sans complaisance pour éviter que notre continent ne sombre dans une barbarie programmée. Une bonne dose d'éthique sera nécessaire pour inver-ser la tendance actuelle et ce, à titre préventif et en injection dans le système éducatif. De même il faudra s'assurer de l'application de sanctions pénales et/ou morales chaque fois que les auteurs d'actes délictueux sont identifiés afin de décourager la « mal gouvernance » qui affecte de plus en plus d'ONG et d'associations professionnelles africaines tant nationales, régionales que panafricaines.

Références bibliographiques

Adandé, Alexis, 1992, « Recherche archéologique et information des nationaux », *Quels Musées pour l'Afrique patrimoine en devenir*, Paris, ICOM, pp. 227-230.

Adandé, Alexis B.A., Aziz Ballouche & Obarè B. Bagodo, 1994, *Dix ans de recherches archéologiques en Afrique de l'Ouest : perspectives de coopération régionales*, Actes du Ve colloque de l'AOAA à Ouagadougou, 27 juillet-1er août 1992, Porto-Novo, AOAA/WAAA.

Adandé, Alexis B.A. & Obarè B. Bagodo, 1996, *Archéologie et sauvegarde du patrimoine / Archaeology and Safeguarding of Heritage. Actes du Ve colloque / Proceedings of the 6th colloquium*, Ibadan, AOAA / WAAA.

Afrika Zamani n°5, 1976, Spécial IIe Congrès de l'Association des Historiens africains, 1975, Yaoundé.

Andah Bassey, W. & Ikechukwu, O., 1994, *Practising Archaeology in Africa*, Ibadan, Owerri, Wisdom Publisher Ltd.

Domergue, Claude, 1992, *Ve Colloque de l'association ouest africaine d'archéologie* (Ouagadougou 27 juillet-1er août 1992). La situation de l'archéologie *ouest africaine. La place de la France*. Université de Toulouse-Le Mirail. Rapport au ministère français de la Coopération.

Groupe de travail sur la recherche archéologique en Afrique francophone et lusophone, 1995, Recherches archéologiques françaises et franco-africaines conduites dans les pays du champ d'intervention du ministère de la Coopération. Bilan (1984-1994), Document travail.

Hountondji, Paulin J., 1997, *Combats pour le sens – Un itinéraire africain*, Cotonou, Les éditions du Flamboyant.

Hountondji, Paulin J., 2002, *Struggle for Meaning. Reflections on Philosophy, Culture and Democracy in Africa*, translated by John Conteh-Morgan with a foreword by K. Anthony Appiah, Athens, Ohio University Center for International Studies- Africa Series n° 78.

Kiéthéga, Jean-Baptiste (à paraître) « La formation des archéologues en Afrique de l'Ouest Francophone : historique et perspectives », version initiale Présentée à l'Assemblée générale de l'Association ouest africaine d'archéologie, réunie à l'occasion de son IXe Colloque, Djenné, 4 décembre 1999, 17 p.

Ki-Zerbo, Joseph (dir.), 1992, *La Natte des autres : pour un développement endogène en Afrique*, Actes du colloque du Centre de recherche pour le développement endogène (CRDE), Bamako, 1989, Dakar, Codesria.

Kourouma, Ahmadou, 1998, *En attendant le vote des bêtes sauvages*, roman, Paris, Éditions du Seuil.

Medeiros, François (de), 1996, « Africanisme et historiographie africaine », *Bulletin de l'IFAN-Cheikh Anta Diop*, t. 47, sér. B, n° 2, pp. 83-94.

Obenga, Théophile, 2001, *Le sens de la lutte contre l'africanisme eurocentrique*, Paris, L'Harmattan.

Tévoedjrè, Albert, 2002, *Vaincre l'humiliation- Rapport de la Commission Indépendante sur l'Afrique et les enjeux du 3e Millénaire*, Cotonou, Programme des Nations Unies pour le développement.

Tine, Alioune, 2000, *La Cour pénale internationale- l'Afrique face au défi de l'impunité*, Dakar, Éditions Raddho.

Verschave, François-Xavier, 2000, *Noir silence. Qui arrêtera la Françafrique ?* Paris, Éditions des Arènes.

West African Museums Programme, 2000, « Le nouveau statut du WAMP », *Bulletin du WAMP* n° 8, pp.5-9

Zeleza, Paul Tiyambe, 1997, *Manufacturing African Studies and Crises,* Dakar, Codesria.